FORMATION DES ENSEIGNANTS 4.0 AU XXIE SIÈCLE

Défis pour une formation complète et pour la vie

Organisé par

Sandro Souza

Auteurs:

Aline Ramos

Barbara Petrin

Francis Fuchs

Marcos Fernando

Mariana Ponciano

Avant-propos du Professeur Master Nilton Clemente

Master en éducation

Spécialiste en méthodologie de l'enseignement supérieur

Formateur d'enseignants

/sstreinamentosoficial | sstreinamentos_oficial | sstreinamentos.com

Ce livre est dédié à:

Tous ceux qui comprennent l'éducation comme le fondement d'une vie heureuse, un moyen de réaliser des rêves, un moyen d'aider les autres à atteindre leurs objectifs. À tous les formateurs d'enseignants qui sont si attachés à ce voyage utopique de l'éducation. Aux auteurs de ces articles qui ont démontré leur dévouement à cette noble cause éducative de contribuer à la formation de nouveaux enseignants en partageant des connaissances incommensurables; et tant d'autres professionnels et amis que je ne veux pas être injuste et oublier aucun d'entre eux, mais ils se trouvent facilement sur mon LinkedIn, Instagram et Facebook. En particulier, à mon ami et mentor, le professeur Mestre Nilton Clemente, qui m'a fait l'honneur d'écrire la préface de ce livre.

«Éduquer l'esprit sans éduquer le cœur n'est pas une éducation.» - Aristote

SOMMAIRE

PRÉFACE

Je rêve d'une société juste et égalitaire, dans laquelle les gens font ce qu'ils aiment et travaillent donc avec plaisir. Chaque travail est valorisé et tout le monde a une grande qualité, car chacun utilise au mieux son potentiel, car il a développé une connaissance de soi qui lui a permis de tirer le meilleur parti de lui-même. Donc, tout le monde offre le meilleur service et tout le monde est très attentif à vos besoins.

Utopie? Peut-être, mais les utopies nous font marcher dans la direction et la direction d'une situation idéale et chaque étape signifie une amélioration.

Peut-être que cette société est très éloignée, mais il faut marcher vers elle!

Quand je lis ce livre, je me sens un peu plus proche de cette société, car je vois de jeunes auteurs, dédiés au grand domaine de l'éducation et je sens, ils aiment ce qu'ils font, coordonnés par un professionnel compétent et dévoué, un être humain merveilleux, qui aime quoi Est-ce que.

Donc, si vous êtes intéressé à connaître l'éducation du futur, du présent, dont nous avons besoin, celle qui est au service de l'humanisation de chaque individu et d'une société solidaire, un texte qui analyse le curriculum national commun, l'inclusion, les nouvelles technologies, soucieux de l'environnement, de la complexité du métier d'enseignant, de la formation des enseignants, vous le trouverez ici.

Une lecture agréable et stimulante, qui fournira au lecteur des outils pour agir de manière significative dans la transformation de son environnement, contribuant ainsi à nous avoir plus de synergie dans cette lutte, dans cette recherche d'un monde meilleur.

J'ai eu la chance de rencontrer l'auteur, Sandro, dans un cours de spécialisation qui rendrait possible le rêve d'agir comme enseignant dans l'enseignement supérieur, et c'est grâce à sa générosité unique, quand il m'a indiqué pour une opportunité qui s'est présentée à lui, que j'ai réalisé cette possibilité. et j'aime toujours mon travail après dix-neuf ans en tant que professeur dans les études supérieures, contribuant à la formation, entre autres professionnels, des pédagogues et des pédagogues.

C'est un plaisir et un honneur de faire partie d'un travail aussi édifiant. Je vous remercie!

Nilton Clemente

PARTIE I: FORMATION DES ENSEIGNANTS - PARAMÈTRES ET DÉFIS

«L'éducation nécessite le plus grand soin, car elle influence toute la vie.» - Seneca

Parler d'éducation, c'est parler de l'histoire de l'humanité. A hune entité apprend constamment. C'est cet apprentissage qui conduit à l'évolution humaine si nécessaire pour faire de nous des êtres de plus en plus résistants et résilients aux défis présents au hasard de la vie.

Il est nécessaire de souligner la nécessité de définir des paramètres clairs pour le développement de l'éducation. Les méthodes et les stratégies sont essentielles pour un apprentissage réussi. C'est donc une condition minimale et nécessaire de les connaître pour qu'un processus d'enseignement et d'apprentissage fructueux puisse être mis en pratique.

Il est tout aussi important de définir ce que vous souhaitez étudier. Il est essentiel d'avoir des paramètres de contenu clairs à développer afin de rendre l'apprentissage significatif et donc permanent dans la temporalité du contexte dans lequel il est appliqué; et, en même temps, flexible et adaptable à de nouveaux contextes. Ainsi, on peut noter que l'étude des concepts est une étude qui, peut-être, peut être classée comme intemporelle, car sa permanence et son impermanence fluctuent à travers les flexibilités et les adaptations applicables aux différents contextes de l'histoire humaine.

Donner du sens à la façon dontet ce qu'il faut apprendre et enseigner est nécessaire, d'abord, pour définir le but. Ce but n'est pas une simple justification de l'objet d'apprentissage ou d'enseignement. Plus que cela, le but est le fil conducteur vers le but. Cela rendra l'apprentissage agréable, significatif et capable de construire un héritage. C'est une éducation basée sur un but.

Karnal dit que la vie est trop courte pour perdre du temps sur une existence médiocre. La vie, pour être vécue au maximum, exige une direction qui la mène à un objectif plus global. Ainsi, tout ce qui n'est pas significatif ne répond pas à cette prémisse. Maintenant, quel défi peut être plus grand que de proposer un enseignement stimulant et significatif? Quel défi peut être plus agréable que d'apprendre ce qui vous donne du sens et de vous aider à le construire en tant qu'être humain?

Comprendre que l'être humain est la raison et l'émotion peuvent être un bon point de départ. Une fois que l'on comprend que l'apprentissage n'est pas seulement cognitif, mais aussi émotionnel, il est possible d'envisager différentes manières d'enseigner et d'apprendre. Lorsque nous parlons de l'apprentissage accéléré de Lozanov, par exemple, nous parlons d'apprendre où une émotion forte peut avoir un impact sur l'étudiant au point de fournir des années d'apprentissage dans le modèle cognitif, en quelques secondes grâce à une émotion impactante et significative.

Développer une un apprentissage étendu et tout au long de la vie est essentiel pour la formation continue des enseignants. Le plaisir d'apprendre et d'enseigner doit passer non seulement par la raison, mais aussi par l'émotion. L'enseignement et l'apprentissage doivent être un acte d'amour et une récompense incommensurable. L'enseignement et l'apprentissage sont présents à tout moment, dans toutes les relations, dans toutes les interactions en face à face ou à distance.

Aline Timóteo Ramos

Diplôme et licence en éducation physique de l'Université méthodiste de São Paulo - UMESP en 2019.

Elle a travaillé comme professeur auxiliaire d'éducation physique dans les écoles de São Bernardo do Campo, développant des travaux avec des enfants de la petite enfance au lycée, agissant également dans l'insertion et l'initiation sportive de diverses modalités de ces enfants et jeunes.

Il a également travaillé dans la promotion de la santé des adolescents, des jeunes et des personnes âgées dans les gymnases de São Bernardo do Campo - SP.

Actuellement, il se consacre aux études supérieures en éducation physique scolaire et en psychomotricité et à l'étude de la langue anglaise.

CHAPITRE UN: BNCC COMME POINT DE DÉPART POUR UNE VIE ET UNE ÉDUCATION EFFICACES

«Les premiers conseils que quelqu'un reçoit de l'éducation marquent également sa conduite.» - Platon

La base nationale du curriculum commun (BNCC) a été discutée et planifiée pendant un certain nombre d'années afin qu'une meilleure définition de l'ensemble d'idées puisse être atteinte afin qu'il soit pleinement aligné et efficace dans les écoles du Brésil. Nous savons que toute cette planification du BNCC qui est en place depuis quelques années, a traversé plusieurs étapes et procédures afin que ce document puisse être très bien préparé, et qu'il faciliterait la compréhension au moment de sa candidature par les administrateurs, coordinateurs et enseignants. Surtout parce que lors de recherches rapides sur ce que serait le BNCC et ce qui diffère des lignes directrices du curriculum (DNC) et des paramètres nationaux du curriculum (PCN), il est informé que la base est un document beaucoup plus spécifique et plus clair et de celui déterminé. être plus précis et plus clair si vous avez des objectifs d'apprentissage pour chaque étape de l'année scolaire. Par conséquent, il devient obligatoire dans tous les programmes de toutes les écoles et / ou réseaux de notre pays, le Brésil, indépendamment du fait qu'il s'agisse d'une école publique, privée ou privée, contrairement à d'autres documents antérieurs, mais il est allégué que ces documents continueront d'exister, mais ne seront que des documents d'orientation non obligatoires.

En naviguant et en analysant le BNCC, nous sommes non seulement confrontés à une version plus cool et plus sophistiquée ou même simplement à un autre document d'une version améliorée du DNC ou des PCN et son objectif s'arrête là, mais l'objectif clair est noté pour permettre aux connaissances essentielles que tous les élèves de la maternelle, du primaire et du secondaire doivent apprendre, pendant toutes les années qu'ils restent à l'école, quel que soit le lieu / la région où ils vivent ou étudient. Il est remarquable à quel point cela est pris au sérieux en lisant dans ces documents que la Base définit les droits et les objectifs d'apprentissage pour tous les enfants, les jeunes et les adultes et que lors de la définition des droits, leurs devoirs sont également définis, ils sont donc: État, gouvernements, familles, écoles, des enseignants / professionnels de l'éducation et même des devoirs des étudiants, car étudier et la chose la plus importante est d'apprendre est un défi qui fait également partie de la vie de chaque étudiant. Ainsi, le BNCC est la contribution à l'équité, à l'égalité des chances éducatives pour tous. La résolution CNE / CP 2/2017 est claire lorsqu'elle stipule que: les droits et objectifs d'apprentissage et de développement peuvent s'exprimer en compétences et aptitudes.

Il est intéressant de voir comment il a été enregistré à tout moment que le BNCC n'est pas un programme d'études et qu'une autonomie totale est accordée au fonctionnement de l'enseignant, affirmant le respect absolu de l'autonomie de décision des écoles et de leurs enseignants:

> *[...] les critères d'organisation des compétences au BNCC (avec l'explication des objets de connaissance auxquels ils se rapportent et le regroupement de ces objets en unités thématiques) expriment un arrangement possible (entre autres). Par conséquent, les regroupements proposés ne devraient pas être considérés comme un modèle obligatoire pour la conception du curriculum. (BNCC, p. 328)*

Il a été développé et inséré dans le BNCC, énumérant les dix compétences générales qui devraient guider l'action éducative à toutes les étapes et modalités de l'éducation de base.

> *[...] la compétence est définie comme la mobilisation des connaissances (concepts et procédures), des compétences (pratiques, cognitives et socio-émotionnelles), des attitudes et des valeurs pour résoudre des exigences complexes de la vie quotidienne, du plein exercice de la citoyenneté et du monde du travail. (BNCC, p. 8)*

Ces compétences qui sont définies comme: connaissances; pensée scientifique, critique et créative; productions artistiques; La communication; culture numérique; autogestion; argumentation; la connaissance de soi et les soins personnels; empathie et coopération, et autonomie. Il est intéressant d'analyser comment les objectifs de ces compétences sont bien définis quant à la raison pour laquelle ils apprennent et dans quel but ils sont utilisés non seulement dans la vie académique de l'étudiant, mais dans un processus d'apprentissage large et tout au long de la vie.

Nous ne pouvons pas manquer de mentionner qu'il est très important que nous, en tant qu'enseignants de l'éducation, formés et mis à jour sur ce qui se passe dans le scénario de l'éducation dans le pays, aient un grand défi avant de lire et de maîtriser le BNCC, comme cela a été discuté dans ce texte. au-dessus de l'importance que ce document a dans la définition de l'apprentissage dans la vie académique de tous les étudiants, il faut un effort total pour qu'en fait le domaine de la base se réalise, ce qui est une tâche qui nécessite de l'organisation, une bonne planification, un soutien et la capacité de travailler en équipe afin que toutes les personnes impliquées dans ce nouveau processus collaborent pleinement.

BNCC dans l'éducation de la petite enfance

Lorsque nous parlons des objectifs par niveau d'éducation, à commencer par la petite enfance, le BNCC a progressé pour qu'il y ait une relation entre les six droits d'apprentissage et un développement avec les cinq domaines d'expérience qui doivent toujours être gérés simultanément et travaillés aux différents stades de développement tout au long de la vie de l'enfant. Ainsi, le BNCC de l'éducation de la petite enfance contribue à cette étape en se consolidant comme la première étape de l'éducation de base et en surmontant la stigmatisation d'une éducation plus petite et de faible complexité qui ne nécessite pas de planification, d'intentionnalité, de qualification de ses ressources, de soutien et de respect. Comme nous le savons, valoriser et respecter l'éducation de la petite enfance, ses éducateurs, ses écoles, ses enfants et leurs familles, signifie valoriser toute l'éducation.

Selon les axes thématiques et structurés de l'éducation de la petite enfance, dans cette première étape où prédominent les interactions et les jeux, six droits d'apprentissage doivent être garantis: vivre, jouer, participer, explorer, s'exprimer et se connaître. Ce sera grâce à eux que les enfants auront les conditions d'apprentissage et de connaissances nécessaires. À ce stade de l'éducation, les cinq domaines d'expérience sont également définis dans lesquels ils sont nécessaires au développement et à l'apprentissage des enfants, à savoir: soi, l'autre et nous; corps, gestes et mouvements; traits, sons, couleurs et formes; écoute, parle, la pensée et l'imagination et les espaces, les temps, les quantités, les relations et les transformations.

Dans ces domaines d'expérience, les objectifs d'apprentissage et de développement ont été définis en fonction des tranches d'âge. Là où les bébés de 0 à 1 an et 6 mois doivent se renseigner sur la perception que leurs actions ont un effet sur d'autres enfants et adultes. Pour les très jeunes enfants de 1 an et 7 mois à 3 ans et 11 mois, ils doivent apprendre à faire preuve d'attitudes de prise en charge et de solidarité lors de leurs interactions avec les enfants et les adultes. Et la fin de cette étape est due aux jeunes enfants de 4 à 5 ans et 11 mois, où il est nécessaire de faire preuve d'empathie pour les autres, en réalisant que les gens ont des sentiments, des besoins et des façons de penser et d'agir différents.

On peut considérer l'éducation de la petite enfance comme le point de départ de la vie scolaire d'un élève, c'est vraiment le début de tout, d'un long voyage qui durera en moyenne 12 ans avant de pouvoir quitter cet environnement appelé école. L'éducation de la petite enfance où l'enfant arrive si tôt et toujours sans bien comprendre ce qui se passe ou être capable d'assimiler ce qui se passe est une étape très importante, c'est-à-dire qu'il est nécessaire de socialiser l'enfant et d'interagir avec l'environnement et le reste devant les camarades de classe, les enseignants et tout le groupe.

L'objectif principal est de promouvoir ces petits élèves dans le développement des aspects physiques, moteurs, cognitifs, sociaux et émotionnels, ainsi que de stimuler l'exploration, les découvertes et l'expérimentation. Il s'agit d'une phase où les enfants commencent également à interagir avec des personnes extérieures à leur cercle familial et avec la communauté, dans ce groupe d'âge, cela se produit principalement avec la réalisation de jeux et d'activités qui impliquent le jeu de manière très significative. Cependant, nous ne pouvons pas ne pas mentionner qu'à travers tous les changements et réflexions du BNCC, les pratiques pédagogiques sont garanties et imprégnées d'intentionnalité pédagogique, même s'il s'agit de jeux et d'interactions. Une bonne éducation de la petite enfance est celle où l'enfant est mis au point, en tant que protagoniste principale dans ce processus d'apprentissage et d'enseignement et en l'encourageant toujours à se développer complètement et intégralement. On soupçonne que l'enfant est citoyen dès son arrivée au monde, et c'est pourquoi on comprend les formes de manifestation de ce bébé avec ses propres aspects et liées à une relation de soins, mais ces soins doivent être dans le sens de compréhension de cette phase dans laquelle l'enfant vit, de l'appropriation de l'enfant à l'espace environnant.

BNCC dans l'enseignement primaire

Lorsque nous partons pour BNCC en éducation élémentaire, on nous présente les compétences générales, les compétences de domaine et les compétences qui seront développées par les élèves qui précèdent l'étape précédente, qui est l'éducation de la petite enfance jusqu'à la dernière année de l'enseignement élémentaire, c'est-à-dire le 9e année. Ainsi, il y a le premier et important changement à un examen attentif où il est obligatoire que tous les segments de l'école soient responsables du développement des compétences générales, non seulement de laisser cela au lycée, comme défini précédemment par les PCN, il est toujours important de regarder de près le fait que le BNCC informe que l'organisation des disciplines se fait par les domaines de la connaissance, ce qui n'était le cas auparavant que pour le lycée. Avec cela, les différentes disciplines de chaque domaine s'articulent autour de ces compétences qui sont leur propre domaine et spécifiques à chaque discipline, conduisant ainsi l'école à ne pas penser uniquement de manière articulée dans la proposition de leurs programmes et dans la didactique aussi, mais qu'ils collaborent pour le développement intégral de ses étudiants. Ces grandes disciplines qui continuent d'être: les langues (art, éducation physique, portugais et anglais), les mathématiques, les sciences naturelles et les sciences humaines (histoire et géographie). Dans ce document, nous voyons également clairement un objectif audacieux, qui est d'aider à améliorer l'équité d'apprentissage des élèves, en proposant que les enfants et les jeunes de notre pays apprennent ce qui est dû d'une certaine manière et également à l'âge qu'ils sont censés apprendre,

Comme au stade de l'éducation de la petite enfance, le BNCC allègue la liberté d'organisation et de développement du curriculum lui-même, et non qu'il devrait être considéré comme un modèle obligatoire dans ce développement du curriculum.

L'enseignement élémentaire a été organisé en cinq domaines de connaissances, où ces domaines sont identifiés selon l'avis CNE / CEB 11/201025, «favoriser la communication entre les connaissances et la connaissance des différentes composantes du programme» (BRASIL, 2010). Ils se recoupent dans la formation des étudiants, bien que les spécificités et les connaissances propres construites et systématisées dans les différentes composantes soient préservées. Dans les textes de présentation, chaque domaine de connaissances explique son rôle dans l'éducation intégrale des élèves du primaire et met en évidence les particularités de l'enseignement primaire - Petite enfance et de l'enseignement primaire - Finale, en tenant compte à la fois des caractéristiques des élèves ainsi que des spécificités et des exigences pédagogiques ces phases de la scolarité.

C'est au cours de l'école primaire, où les élèves passent la majeure partie de leur vie entre 6 et 14 ans, qu'une étape importante des changements se produit, liés aux aspects physiques, affectifs, cognitifs, émotionnels, sociaux, parmi de nombreux autres changements où contester l'élaboration de l'enseignement à ce stade. Le BNCC of Elementary Education - Early Years, l'alphabétisation a pris de l'importance, étant le principal objectif de l'action pédagogique dans la première et la deuxième année de l'enseignement primaire. BNCC, dans l'enseignement élémentaire, est organisé en cinq domaines de connaissances (langues, mathématiques, sciences naturelles, sciences humaines et éducation religieuse) et huit composantes dans les premières années et neuf composantes dans les dernières années. Les domaines et les composants ont leurs compétences et capacités respectives.

Dans l'éducation de la petite enfance, tant à l'école primaire, il est informé de la société numérique, où trois axes sont considérés: la culture numérique, la pensée informatique et la technologie numérique (BRASIL, 2019). Dans l'axe de la culture numérique (culture numérique, citoyenneté numérique, technologie et société) se trouvent les connaissances liées aux nouvelles formes de communication et de relation qui font partie de la vie quotidienne d'un citoyen du 21e siècle. Il devrait prendre en compte les problèmes liés à l'utilisation inappropriée de nouvelles plateformes numériques dans différents environnements et à l'utilisation de plateformes numériques dans des travaux collectifs visant à engager les jeunes dans l'élaboration de solutions aux divers problèmes de la société contemporaine. Dans l'axe de la pensée informatique (abstraction, algorithmes, décomposition, reconnaissance des formes) souligne la nécessité d'inclure dans les programmes les compétences nécessaires au développement d'un raisonnement logique et structuré, qui est la base de la résolution de problèmes complexes. Enfin, dans l'axe des technologies numériques (communication et réseaux, matériels et logiciels, représentation des données), il y a l'utilisation d'outils technologiques, numériques ou non, pour le développement d'un apprentissage plus efficace face aux défis posés par les nouvelles technologies. Une nouveauté qui a également été incluse comme composante curriculaire obligatoire est la langue anglaise. représentation des données) est l'utilisation d'outils technologiques, numériques ou non, pour le développement d'un apprentissage plus efficace face aux défis posés par les nouvelles technologies. Une nouveauté qui a également été incluse comme composante curriculaire obligatoire est la langue anglaise. représentation des données) est l'utilisation d'outils technologiques, numériques ou non, pour le développement d'un apprentissage plus efficace face aux défis posés par les nouvelles technologies. Une nouveauté qui a également été incluse comme composante curriculaire obligatoire est la langue anglaise.

Les dernières années de l'école élémentaire sont un processus qui précède l'étape la plus difficile de l'éducation dans notre pays, car les faibles taux d'apprentissage et d'abandon du lycée sont élevés. À cet égard, le BNCC propose au cours de ces dernières années scolaires qu'il est fondamental et extrêmement important de promouvoir l'autonomie et le protagonisme de ces élèves dans cette phase, en précisant qu'il est nécessaire de les préparer pour la prochaine étape, qui est le processus final où après cela sera plus devant un cercle scolaire, qui est Lycée, en analysant cette image de cette promotion de l'autonomie ce n'est pas par hasard la liste des dix compétences générales où il est important le développement complet, intégral et non seulement partiel des élèves, comme on le trouve à l'article 205 de la Constitution fédérale.

La culture numérique a pour stratégie de créer des liens avec les adolescents de ces nouvelles générations. Cette culture numérique est explicitement placée au BNCC dans la compétence générale 5 -

> *«Comprendre, utiliser et créer les technologies de l'information et de la communication numériques de manière critique, significative, réfléchie et éthique dans les diverses pratiques sociales (y compris les écoles) pour communiquer, accéder et diffuser des informations, produire des connaissances, résoudre des problèmes et exercer le protagonisme et la paternité dans vie personnelle et collective ». (BNCC, p. 189)*

Le document du BNCC précise également qu'il est important pour l'établissement scolaire de maintenir son engagement à favoriser la réflexion et l'analyse approfondie et à contribuer au développement, chez l'élève, d'une attitude critique vis-à-vis du contenu et de la multiplicité des offres médiatiques et numériques. . Cependant, il est également essentiel que l'école comprenne et intègre les nouvelles langues et leurs modes de fonctionnement, dévoilant les possibilités de communication.

Dans l'axe du protagonisme des jeunes, l'école devrait offrir un environnement dans lequel l'adolescent développe de plus en plus son autonomie, tant en ce qui concerne l'administration de ses propres études que sa performance dans la société dans la perspective de construire son projet de la vie. Le protagonisme est fortement mis en évidence dans la compétence 10 -

> *«Agir personnellement et collectivement avec autonomie, responsabilité, flexibilité, résilience et détermination, en prenant des décisions basées sur des principes éthiques, démocratiques, inclusifs, durables et solidaires». (BNCC, p. 189)*

Dans le cas de cette compétence, les points suivants se distinguent: l'incorporation des droits et responsabilités, la prise de décision, la prise en compte des conséquences, l'analyse et l'incorporation de ses propres valeurs, la posture éthique, la participation sociale et le leadership, la résolution de problèmes ambigus et complexes.

Et sur le dernier axe qui parle du projet de vie, qui est la cerise sur le gâteau où il fera que l'élève déterminera ses choix qui seront faits au lycée, il est donc important de débuter dans les dernières années du primaire. Cette planification de la vie est très importante car elle sera le lieu où les jeunes rechercheront la connaissance de soi et établiront des stratégies pour leur vie. Selon Base informa est l'environnement scolaire, le projet de vie est une composante transversale qui encourage les adolescents et les jeunes à chercher du sens dans de multiples dimensions (professionnelles, sociales, physiques, émotionnelles), les motive à apprendre tout au long de la vie, ainsi comment cela les aide à prendre des décisions, à résoudre des problèmes et à faire face à des situations inattendues. Parmi les pratiques pédagogiques qui cherchent à développer le projet de vie des étudiants figurent des séances de tutorat individuelles,

Il est intéressant de voir comment il est proposé à tout moment de dispenser une éducation globale, où il y a un engagement à la construction intentionnelle de processus éducatifs où il y a la promotion de l'apprentissage associé aux besoins et ce qui est vraiment intéressant pour les étudiants, et leur la formation de l'autonomie doit toujours être aiguisée, en les préparant à la société et à la vie.

Apprentissage pour la vie

Le processus d'enseignement et d'apprentissage doit être une pratique collaborative de toutes les parties concernées, à commencer par l'élève, et l'interaction de la famille avec l'école est très importante. Comme c'est la responsabilité de l'enseignement, l'enseignant doit être pleinement qualifié pour le faire et pour cela, il faut une formation continue, où le processus d'apprentissage se déroule tout au long de sa vie académique. Et avec la mise en place du BNCC, il y a un grand défi, qui est la formation d'enseignants possédant les compétences nécessaires, cette attente d'apprentissage où les compétences et les compétences sont définies.

Selon Libâneo (1998, p.29), il déclare que l'enseignant imprègne la relation vivante de l'élève avec la discipline / matière, mais compte tenu des connaissances, de l'expérience et du sens que l'élève apporte à la classe, son potentiel cognitif, sa capacité et l'intérêt, votre façon de penser, votre façon de travailler. En ce sens, la connaissance du monde ou des connaissances antérieures de l'élève doit être respectée et élargie. Le processus d'enseignement ne se réfère pas seulement à la transmission du contenu, mais à conduire cet élève à une pensée, voire une pensée critique, et l'enseignant a cette responsabilité de préparer l'élève afin que non seulement à l'avenir, mais déjà dans l'environnement scolaire, ce devenir un citoyen débrouillard au sein de la société qui vit, capable de questionner, de débattre et de transposer les paradigmes. Cury déclare que:

«L'exposition interrogée génère du doute, le doute

génère du stress de manière positive, et ce stress positif ouvre les fenêtres de l'intelligence. Par conséquent, des penseurs se forment bientôt, et pas seulement des machines à répétition d'informations. » (CURY, 2003, p. 127)

Le rôle important de l'enseignant dans la transmission de plus que l'information est remarquable, car c'est lui qui a le plus de contacts avec l'élève et c'est sa responsabilité de construire une éducation citoyenne, où il est important qu'il soit capable de transmettre un enseignement pour la vie toutes choses qui, en fait, seront utiles en dehors de la vie académique, par leur pertinence dans un environnement scolaire. Dans ce processus, il est nécessaire d'arrêter d'analyser ce qui devrait être priorisé, ce que l'on veut enseigner et l'élève apprend, car s'il y a besoin d'une rue à double sens - enseigner et vouloir apprendre - recherchant ainsi des moyens qui favoriseront ceux qui ont des difficultés Pendant le processus. Il est important que l'enseignant participe aux activités de l'école avec les familles des élèves et la communauté locale.

L'étudiant du futur

L'enseignement des connaissances fait depuis quelques années l'objet de recherches et de discussions par plusieurs auteurs. Mais quel serait le terme connu? Lorsque nous effectuons une brève recherche sur ce seul mot, nous sommes confrontés à la définition de savoir, être, être informé ou avoir des connaissances spécifiques.

Dans une recherche plus approfondie que ne le serait la connaissance, on trouve une recherche dans laquelle la connaissance d'un problème, d'une question, d'une discipline ou d'une science est référencée, qui peut être considérée comme une représentation de la réalité objective. Ainsi, la connaissance d'un thème spécifique ou spécifique, caractérise avoir la véracité de la réalité qui devrait être utile pour la prise de décision. Par conséquent, il peut être utilisé sur le terme pour connaître l'expression de «l'amour de la connaissance».

Dans (2003) Gondim & Cols, a déclaré qu'il existe trois types de connaissances: savoir comment être, savoir comment faire et savoir comment agir, puis savoir si elles sont liées aux caractéristiques qui contribuent à la qualité des interactions humaines au travail et en formation des attitudes de développement personnel. Le savoir-faire fait référence à la motricité et aux connaissances nécessaires à l'emploi. Savoir agir est proche de la notion de compétence, c'est-à-dire la capacité de mobiliser des connaissances, des compétences et des attitudes pour le travail.

Nous savons bien que selon Tardif dans (2002), il a déclaré qu'il y a les six fils conducteurs des connaissances de l'enseignant qui sont: les connaissances et le travail, la diversité des connaissances, la temporalité des connaissances, l'expérience de travail, les connaissances humaines et la formation et les connaissances professionnelles.

Mais quelles sont les connaissances pédagogiques les plus importantes pour servir de base à la profession d'enseignant? D'où vient votre nature? Sont-ils acquis ou sont-ils techniques? Sont-ils simplement cognitifs ou de nature sociale? Il y a plusieurs questions et questions qui peuvent être considérées et liées aux connaissances pédagogiques, mais ces connaissances ne peuvent pas être dissociées des conditions et du contexte du travail, c'est-à-dire qu'elles sont précisément liées à la personne elle-même - l'enseignant - avec son expérience de la vie, avec les années professionnelles acquises dans la profession, la relation que l'on a avec les élèves et avec les autres groupes que l'on a au sein d'une constitution scolaire.

Si nous analysons dans n'importe quelle école, nous aurons des enseignants avec des cultures, des expériences différentes, chacun avec son individualité biologique, car la seule similitude qui aura en commun est le nom de l'enseignant qui est appelé, mais ce n'est pas un groupe hétérogène avec le même pensée ou même vision liée à l'enseignement de la didactique, il faut donc s'attendre à ce que chacun ait un certain type d'aptitude supérieur à certains voire plusieurs types de connaissances.

Quel que soit le type de connaissances qu'il a le plus acquis, le rôle de l'enseignement de l'enseignant est le point clé de la question, car c'est lui qui maîtrise les apprentissages de son élève, et pour cette raison, il est toujours valable d'enseigner en conséquence. avec les besoins de votre classe, afin de réussir dans le processus final. Et lorsque nous mentionnons ce processus final, il apprend non seulement à avoir une fin en soi, ou dans le seul objectif d'obtenir une note satisfaisante et de s'y terminer, mais il vaut toujours la peine de réfléchir à ce que: - moi en tant qu'enseignant - doté des connaissances que j'ai et j'ai pour mission de transférer les connaissances, dois-je enseigner à mon élève qu'il va l'emmener vivre en société? Que vais-je contribuer à la formation de cet étudiant qu'il pourra prendre pour le reste de sa vie?

Parce que, l'enseignant a pour mission de préparer l'étudiant à des métiers qui ne sont pas encore connus, et quand son élève comprend le sens de ce qui est enseigné, la connaissance qu'il emportera pour toujours est générée en lui, car l'éducation est une pratique sociale . L'enseignant a pour rôle de pouvoir s'identifier à la culture d'apprentissage de l'élève et ainsi donner un nouveau sens à ses pratiques pédagogiques, en respectant toujours l'élève comme sujet assoiffé de connaissances et l'environnement scolaire comme espace d'exercice de la citoyenneté.

Qu'est-ce qui vaut plus ou qu'est-ce qui est plus important? Connaissances théoriques ou connaissances pratiques? Nous tombons toujours dans ce faux dilemme, de ce que nous pourrions juger plus important ou prioritaire, qui me fera avoir un type de didactique beaucoup mieux utilisé.

Lorsque nous considérons le pratique plus efficace que le théorique, nous dévaluons des heures d'étude, des années de recherche accentuée afin d'aller au plus profond de savoir pourquoi il en est ainsi, quelle est la théorie de ce qu'il en est, et nous savons bien que lorsque vous avez la théorie pointue, vous êtes plus efficace dans le processus et vous prenez moins de risques, parce que vous n'avez pas de tentatives aventureuses pour mettre en pratique quelque chose qui n'a pas de fondement, une base théorique.

Donc, je crois donc que la théorie et la pratique vont de pair, afin de toujours offrir à votre étudiant des connaissances claires, car il y a toute une base théorique pour enseigner cela.

Pour Tardif (2002, p. 39), l'enseignant est:

> *"Quelqu'un qui doit connaître sa matière, sa discipline et son programme, en plus d'avoir certaines connaissances liées aux sciences de l'éducation et à la pédagogie et de développer des connaissances pratiques basées sur son expérience quotidienne avec les étudiants".*

Nous savons que pour choisir la profession d'enseignant, il est nécessaire de prendre la première étape de suivre le cours de premier cycle dans le domaine souhaité, ce qui est le point le plus important à donner pour suivre la carrière d'enseignant, mais il faut garder à l'esprit qu'à partir du moment que si vous décidez d'avoir cette profession, vous ne pourrez jamais arrêter d'étudier, il y a un besoin de formation continue où vous avez pour objectif d'avoir une formation complémentaire, où vous mettez à jour vos connaissances pour mieux performer vos compétences, sinon vous restez littéralement sur place à l'heure.

Les exigences et les besoins de l'école du futur sont déjà

une réalité, ils exigent donc un processus d'amélioration continue, avec des connaissances avancées et des méthodologies spécifiques pour fournir un travail de qualité finale qui est requis dans le scénario actuel. Grâce à cette formation, plusieurs avantages sont obtenus pour la vie de l'enseignant, tels que: élargir les connaissances dans divers domaines et disciplines, créer un processus d'enseignement plus attrayant et engageant pour les élèves, assurer plus d'engagement dans les classes, participer à la gestion de l'école, viser à améliorer la qualité de l'enseignement, adhérer à de nouveaux outils pédagogiques, tels que les technologies et autres médias, étendre le processus de gestion des classes, analyser et identifier les principaux obstacles à un enseignement de qualité, planifier et organiser de nouvelles méthodologies d'enseignement.

Chaque jour, nous voyons que le monde est mis à jour, les nouvelles technologies et tendances sont toujours en constante évolution. Il doit donc aussi être l'enseignant dans son rôle de toujours se spécialiser, de se mettre à jour avec ce monde global dans lequel nous vivons et tout se passe très vite. Nous savons que pendant la période de remise des diplômes, il y a un stage obligatoire, mais il faut être très prudent dans la manière dont ce stage se déroule, car ce futur enseignant, qui jusque-là est stagiaire, doit être pleinement inséré dans la zone qui agira pour pouvoir aller acquérir plus de connaissances et d'expérience, et vous devez également vivre la pratique et pas seulement l'étape d'observation, ce qui se produit généralement. Dans ce type de stage où l'élève observe la réalité d'une salle de classe, dans le cadre de l'école, pouvant interroger la relation enseignant-élève,

Lorsque l'enseignant aura terminé ses études et sera désormais inséré dans l'école en tant que protagoniste principal de l'acte d'enseigner, il doit garder à l'esprit qu'au moins quatre ans se sont écoulés et il se peut que ce qu'il a appris il y a quatre ans soit dépassé. , c'est-à-dire s'il y a un retard dans cette formation par rapport à la pratique du monde réel, cette formation continue est donc très importante et doit être comprise comme un processus continu et permanent et une amélioration constante des connaissances nécessaires à votre carrière professionnelle, car cela atteindra avec succès l'objectif d'assurer une éducation supérieure et de meilleure qualité à ses étudiants. Je pourrais oser dire qu'un enseignant qui a une mission si belle, divine, sublime et essentielle pour la transformation du monde,

Nous sommes au 21e siècle, et en faisant une brève enquête, il est à noter que depuis quelque temps, le terme «étudiant du futur» est utilisé, et qui est cet «étudiant du futur?». Cet étudiant est un passionné de technologie, donc vouloir l'éduquer avec les brochures du siècle dernier est pratiquement impossible, car tout le temps ils sont bombardés de nouvelles informations, en même temps ils veulent être entendus, respectés, faire partie du processus, acquérir des compétences qui doivent être utilisés rapidement et "maintenant" et pas seulement dans un avenir qui semble si loin. Cela dépeint la réalité que les enseignants rencontrent en classe, c'est donc à lui de se tenir au courant des nouvelles tendances. Beaucoup de ces étudiants de cette génération technologique n'ont pas la crédibilité de croire en une formation formelle pour leur réussite dans la vie professionnelle,

Parce que nous vivons au XXIe siècle, pratiquement tous les étudiants sont nés à l'ère de la technologie, de l'internet. Pendant ce temps, de nombreux éducateurs qui sont toujours dans leur rôle actif ont fait rédiger leurs études et se baser sur des encyclopédies et des livres décorés et des livres dans une sorte de «copier-coller mental», mais il ne convient pas de juger que cela n'a plus de valeur aujourd'hui, car cette génération des professeurs les plus âgés avec des années-lumière de profession a ouvert la voie aux nouvelles générations d'enseignants que nous avons aujourd'hui.

La base nationale commune des programmes d'études - BNCC - est déjà une réalité dans notre pays et dans la vie de tous les enseignants, ce n'est pas une innovation radicale dans ce qui s'est passé du jour au lendemain, et cela a été fait de manière procédurale. Elle a le rôle important de garantir aux élèves le droit d'apprendre un ensemble fondamental de connaissances et de compétences communes - du nord au sud, dans les écoles publiques et privées, urbaines et rurales à travers le pays, ce rôle d'enseignement est valable dans l'éducation Enfant, école primaire et secondaire.

En raison de tout le contenu déjà discuté et exposé dans lequel l'importance des connaissances de l'enseignant a été rapportée, sa formation continue où son rôle de connaissance constante est toujours nécessaire est inévitable n'ayant pas de base pour pouvoir travailler selon le BNCC tout au long de l'année scolaire, sauf si cet enseignant a obtenu son diplôme il y a de nombreuses années ou même des décennies et n'a jamais participé à aucun cours après l'obtention du diplôme, ou littéralement arrêté à temps.

Grâce à lui - BNCC - il y a la possibilité d'innombrables améliorations et il apportera également une grande avancée à l'éducation de notre pays, ainsi que cet événement important qui est mis en œuvre est déjà reconnu.

Et c'est intéressant parce qu'il a été mentionné tout au long de ce texte que nous avons déjà l'élève du futur, l'élève du 21ème siècle, et parce que nous avons déjà ce profil d'élève, il est plus que nécessaire d'avoir l'école du futur, où vous pouvez donner toutes les bases et le soutien pour son développement, et être en mesure d'analyser le BNCC d'une manière plus claire et guidée nous apporte également de nouvelles technologies, y compris l'information, la communication et le numérique. Il convient également de rappeler que dans le domaine de l'éducation physique, l'insertion de jeux électroniques est présente.

Sur le site Web du BNCC lui-même, il est mentionné que:

> *«Comprendre, utiliser et créer les technologies de l'information et de la communication numériques*

> *de manière critique, significative, réfléchie et éthique dans les diverses pratiques sociales (y compris scolaires) pour communiquer, accéder et diffuser des informations, produire des connaissances, résoudre des problèmes et exercer le protagonisme et la paternité dans vie personnelle et collective. (BNCC, 2018)*

Considérations finales

Le développement de ce module a permis une analyse plus approfondie de plusieurs sujets qui, au final, sont la somme de tous les acteurs impliqués pour atteindre un résultat d'apprentissage satisfaisant pour les élèves, la communauté, les parents, le Brésil et le monde. Tout au long de ces semaines, nous avons étudié avec plus d'insistance des sujets très pertinents tels que les connaissances pédagogiques, l'importante formation continue des enseignants, la Base nationale commune des programmes scolaires (BNCC) passant par tous ses niveaux de programme et nous approchons maintenant de la dernière étape de ce module.

En analysant toutes les données et tous les textes publiés, nous notons que le coup d'envoi initial a lieu dans le rôle de l'enseignant, mais pour qu'il puisse exercer cette fonction avec maîtrise, il a besoin d'outils pour cela et ses connaissances pédagogiques, en passant toujours par la formation continue - à ne pas arrêter pour étudier - à proprement parler, en pensant également à cette génération qui est les étudiants du futur, nous pourrions associer l'importante mission d'une classe plus dynamique et aussi comment il faut la collaboration de tous les acteurs impliqués.

En articulant sur le National Common Curricular Base (BNCC), nous analysons le point de départ important pour une éducation plus centrée et ciblée dans le but et l'objectif clair de permettre les connaissances essentielles à tous les élèves de la maternelle, de l'école élémentaire et de l'enseignement. Moyen, ce dont ils ont besoin pour apprendre en fonction du niveau de l'année dans lequel ils se trouvent et surtout à l'âge approprié auquel ces enfants et ces jeunes devraient apprendre, car il n'est pas très utile pour un élève inscrit en 9e année d'apprendre le contenu accumulé à partir de un étudiant inscrit en 5e année.

En analysant les données, nous voyons que le problème de ne pas avoir une bonne éducation n'est pas seulement au niveau brésilien, car les données du site Web El País nous indiquent que seuls sept pays sur soixante-dix-neuf ont considérablement amélioré leurs résultats dans PISA (Programme international of Student Assessment), ce qui peut être le plus choquant dans tout cela, c'est le fait que les étudiants ne savent pas différencier ce que seraient des données là où une enquête est réalisée et à la fin d'un questionnaire s'il y a une analyse de ces données, et une opinion où n'importe qui peut produire ce commentaire à un moment donné. Ce que nous pensons, c'est qu'avec le progrès de la technologie où l'accès aux informations pertinentes, bien sûr dans ce monde d'Internet, il y a aussi beaucoup d'informations où elles sont totalement jetables, mais peut-être que ce qui doit vraiment être recherché afin de générer une connaissance plus approfondie des questions importantes pour la vie n'a pas été mieux utilisé par les jeunes, car les fausses nouvelles sont un problème qui est très évident ces derniers temps en raison de gouvernement actuel, on s'attend à ce qu'il y ait au moins une bonne interprétation pour savoir ce que seraient la vérité et la fiction. Penser, peut-être que ce manque d'interprétation des textes et / ou de lecture peut justifier le fait de tant de disséminations de combats et de haine sur Internet, car le principal point d'une bonne relation quel que soit le degré de parenté est la bonne communication qui est il donne sans faute à travers cette interprétation du texte. étant donné que les fausses nouvelles sont un problème très présent ces derniers temps à cause du gouvernement actuel, on s'attend à ce qu'il y ait au moins une bonne interprétation pour savoir ce qui serait la vérité et la fiction. Penser, peut-être que ce manque d'interprétation des textes et / ou de lecture peut justifier le fait de tant de disséminations de combats et de haine sur Internet, car le principal point d'une bonne relation quel que soit le degré de parenté est la bonne communication qui est il donne sans faute à travers cette interprétation du texte. étant donné que les fausses nouvelles sont un problème très présent ces derniers temps à cause du gouvernement actuel, on s'attend à ce qu'il y ait au moins une bonne interprétation pour savoir ce qui serait la vérité et la fiction. Penser, peut-être que ce manque d'interprétation des textes et / ou de lecture peut justifier le fait de tant de disséminations de combats et de haine sur Internet, car le principal point d'une bonne relation quel que soit le degré de parenté est la bonne communication qui est il donne sans faute à travers cette interprétation du texte.

L'éducation a le pouvoir de générer des connaissances, les connaissances génèrent de la sagesse et seuls des gens sages peuvent changer leur destin. Comme l'a dit Gurría, sans la bonne éducation des jeunes, ils languiront en marge de la société, incapables de faire face aux défis du monde du travail et de l'avenir, et avec cela l'inégalité qui se développe déjà a tendance à continuer d'augmenter.

En analysant les données du site QEdu - Données éducatives, nous pouvons avoir la dimension de la forte baisse de la proportion d'élèves qui ont acquis les compétences appropriées en résolution de problèmes jusqu'à la cinquième année où elle atteint la marque de 71% et lorsque cet élève atteint la neuvième année ce chiffre chute de façon alarmante à 43%, en ce qui concerne le portugais et dans le cas des mathématiques en cinquième année, il atteint la marque de 61% et lorsque ce même élève arrive en dernière année du primaire il tombe à 23%. Si l'on pense au niveau de São Paulo, qui est l'une des grandes métropoles du Brésil, où il est plus facile de s'arrêter que les petites villes, ce nombre est assez inquiétant.

Cette recherche ne vise pas à une conclusion exacte des

faits discutés et est ouverte à un monde de nouvelles possibilités, mais il est intéressant de penser à ce qui se passe dans ce processus d'apprentissage, où cette connexion se perd là où en atteignant une phase plus mature et la responsabilité étant donné qu'un élève de neuvième année a entre 14 et 15 ans, cet élève ne parvient pas à atteindre un niveau d'apprentissage satisfaisant.

Il est intéressant d'arrêter et d'analyser cette situation afin de créer des stratégies pour qu'il y ait un progrès dans l'enseignement, mais pour cela, il faut engager toutes les personnes impliquées, car c'est un «combat» où tout le monde gagne. Ce fait que nous avons si peu de résultats de qualité dans l'éducation est le résultat direct de ce qui se passe dans notre structure éducative brésilienne, car presque tous ceux qui travaillent dans l'éducation reçoivent de bas salaires, sont parfois des enseignants frustrés qui n'exercent pas avec professionnalisme ou se heurtent également à dans les difficultés quotidiennes de la réalité scolaire, en plus des parents qui ne participent pas à l'éducation de leurs enfants, parmi de nombreux autres facteurs aggravants.

Références

Freire, JB Full Body Education: Théorie et pratique de l'éducation physique. São Paulo, SP: Scipione, 1997.

https://educador.brasilescola.uol.com.br/trabalho-docente/a-qualidade-educacao-brasileira.htm

http://www.educadores.diaadia.pr.gov.br/arquivos/File/2010/artigos_tese/2010/Pedagogia/tform_av_aprendecimento.pdf

https://academia.qedu.org.br/

https://brasil.elpais.com/brasil/2019/12/03/ciencia/1575330418_629805.html

https://brasil.elpais.com/brasil/2019/12/03/ciencia/1575330418_629805.html

https://www.correiobraziliense.com.br/app/noticia/eu-estudante/vidaescolar2020/2020/01/15/noticia-vidaescolar-2020,820663/escola-do-presente-deve-preparar-os-alunos- para-o-futuro.shtml

http://basenacionalcomum.mec.gov.br/

https://ledum.ufc.br/arquivos/didatica/1/Saberes_Docentes_Saberes_Professores.pdf

https://www.b9.com.br/shows/braincast/braincast-299-o-aluno-do-futuro/

https://lunetas.com.br/educacao-para-a-vida-serie/

https://lunetas.com.br/educacao-para-a-vida/

https://educacao.estadao.com.br/blogs/educacao-e-etc/educacao-para-a-vida/

https://revistacult.uol.com.br/home/educar-para-a-vida-uma-reflexao-sobre-etica-e-educacao/

https://www.somospar.com.br/a-formacao-continuada-ea-sua-importancia-para-manter-o-corpo-docente-atualizado/#:~:text=A%20forma%C3%A7% C3% A3o% 20continué% 20des% 20enseignants, chacun% 20 fois% 20plus% 20à% 20 étudiants.

https://pedagogiaparaconcurso.com.br/o-que-e-formacao-continuada/

http://portal.mec.gov.br/formacao

https://meuartigo.brasilescola.uol.com.br/educacao/aprendhecimento-ensino.htm

https://educador.brasilescola.uol.com.br/trabalho-docente/o-que-e-aprendhecimento.htm

https://educador.brasilescola.uol.com.br/trabalho-docente/o-que-e-aprendhecimento.htm

https://educacao.uol.com.br/noticias/agencia-estado/2016/02/10/brasil-e-segundo-pais-com-pior-nivel-de-aprendizado-aponta-estudo-da-ocde. htm

https://blog.lyceum.com.br/ranking-de-educacao-mundial-posicao-do-brasil/

https://mundoeducacao.uol.com.br/psicologia/aprendecimento.htm

https://www.youtube.com/watch?v=BLIX1HIauPA

https://www.youtube.com/watch?v=4V8shSCMIV4;

https://www.youtube.com/watch?v=fIVNI3jeuY8;

https://www.youtube.com/watch?v=_OSXXH5KBVw;

https://www.youtube.com/watch?v=mCkqSDp1g84

https://qedu.org.br/?gclid=Cj0KCQjw17n1BRDEARIsAFDHFez1SB2Rggpo1f4vBDb15-

https://brasil.elpais.com/brasil/2019/12/03/ciencia/1575330418_629805.html

Remarque: tous les sites ont été consultés entre le 1er et le 31 mai 2020.

Barbara Petrin

26 ans, étudiante en pédagogie et passionnée par l'univers de l'éducation depuis l'enfance. À l'âge de 14 ans, j'enseignais l'enseignement biblique dans une institution chrétienne (activité ecclésiastique), où j'ai commencé à réfléchir sur les méthodologies d'enseignement et la façon d'accueillir l'élève.

Technicien de sécurité au travail formé, je me suis concentré sur la formation et les conférences, notamment dans l'enseignement de la réalisation de travaux en hauteur.

En pédagogie, je suis entré dans une excellente école dédiée à l'enseignement bilingue, où j'ai l'opportunité d'observer, de réfléchir et d'apprendre. Aujourd'hui, mon désir le plus latent est d'ouvrir ma propre école pour contribuer à la société et me plonger davantage dans ma passion pour l'enseignement.

CHAPITRE DEUX: DÉFIS DE LA FORMATION DES ENSEIGNANTS DANS L'ÉVOLUTION DE L'ÉDUCATION

«L'éducation est un processus social, c'est le développement. Ce n'est pas une préparation à la vie, c'est la vie elle-même.» -John Dewey

Pour commencer, je voudrais attirer votre attention sur un fait: chaque enseignant a été un étudiant. Ce fait est important pour nous de comprendre que la profession d'enseignant est entourée d'expériences passées et de connaissances antérieures qui l'ont suivi tout au long de sa formation en tant que personne et en tant qu'individu dans la société, puis en devenant enseignant après sa formation initiale.

Réfléchissons à ce que ce serait de former un enseignant. L'enseignant, lorsqu'il prend sa décision d'accéder à cette profession, s'inscrit à l'université, où il disposera d'informations, principalement théoriques, sur la manière d'agir dans sa classe et de transmettre les connaissances scolaires à ses élèves. En passant par l'ensemble du processus universitaire d'apprentissage, d'expériences, de stages, etc., l'enseignant serait, en théorie, prêt à entrer dans sa première classe et à recevoir ses élèves.

Mais est-ce juste que l'enseignement universitaire, également appelé enseignement initial, suffit pour que l'enseignant agisse efficacement dans l'éducation de ses étudiants? Comme son nom l'indique, la formation initiale n'est qu'initiale. Il est nécessaire qu'il y ait une continuité dans l'apprentissage de l'enseignant, puisque l'éducation et le modèle scolaire évoluent continuellement. Pour que cette formation continue soit possible, il faut tenir compte des connaissances antérieures que l'enseignant possède déjà, comme mentionné initialement.

Nous tous, enseignants ou non, avons des connaissances acquises depuis la petite enfance. Je ne parle pas ici seulement de la connaissance scolaire, mais de la connaissance du monde. Ses expériences ont vécu socialement, ses croyances, ses cultures, ses histoires de famille et toutes les autres ont vécu au cours de sa vie. Cette connaissance influence sans aucun doute la pratique de l'enseignant.

Pensez: imaginez votre professeur préféré dans l'enfance, il est courant de se souvenir de lui avec tendresse, de se souvenir de sa façon d'enseigner, de s'adresser à l'élève, de faire face à ses situations les plus diverses. Nous imaginons qu'il est naturel, par expérience, que l'enseignant adopte des postures similaires à cet enseignant. En revanche, imaginez l'enseignant qui s'est le moins identifié lors de sa journée d'école. Habituellement, la mémoire est entourée de sentiments pas très agréables, et cela ne signifie pas que cet enseignant était un mauvais professionnel, mais sa façon d'apprendre ne correspondait pas en quelque sorte à la façon d'enseigner de cet enseignant. Compte tenu de cela, il est prévisible que l'enseignant essaie d'éviter les postures qui ressemblent à ce professionnel du passé. Tout cela constitue la position et les techniques initiales de l'enseignant. Cela suggère que, comme l'enseignant est un professionnel qui a apparemment eu la même expérience que son élève, il doit imiter un certain comportement. Avec l'expérience scolaire et le temps qui passe, l'enseignant découvrira et développera ses propres méthodes de travail.

En ce moment, nous voyons l'importance de la formation continue des enseignants, car l'enseignant a tendance à former ses idéaux et ses méthodologies à partir de ses expériences passées et de ses apprentissages obtenus dans sa formation initiale. La formation continue donnera à l'enseignant une vision large et globale de l'univers qui l'entoure, en plus de permettre des contacts avec des professionnels du domaine, qui se mettent constamment à jour.

Il est important que l'enseignant ait l'esprit ouvert pour le nouveau. La manière d'apprendre évolue constamment et il est important que l'enseignant soit conscient de ces changements.

Comme dirait Antonio Nóvoa, le modèle scolaire d'il y a 20 ans ne fonctionne pas aujourd'hui. Le modèle scolaire d'aujourd'hui, dans 20 ans, n'existera probablement plus. Par conséquent, il est de la plus haute importance que l'enseignant connaisse son moment et s'y adapte. Et pas seulement lui, préparez aussi l'avenir. Le temps ne s'arrête pas!

Cette formation pédagogique doit contenir plusieurs aspects dans son cadre. Il est nécessaire de définir des objectifs. "Que veux-tu accomplir?" "Quel genre d'enseignant voulons-nous former?" "Quel impact cela aura-t-il sur la vie de l'enseignant et de ses élèves?"

Ces questions et d'autres sont pertinentes à poser dans le cadre de la formation des enseignants. Et non seulement cela, selon les enseignements de Donald A. Schön, il est nécessaire que l'enseignant garde l'esprit ouvert, connaisse son élève, afin qu'il comprenne l'importance de la mise à jour et de l'avancement des connaissances, de la stratégie et de l'expérience.

Il est important de se rappeler que la formation des enseignants ne s'arrête pas. Elle doit accompagner l'enseignant tout au long de son parcours professionnel et être ajoutée à son environnement de travail, à sa méthode d'enseignement et elle doit l'aider à mettre en place sa façon de voir le monde de l'éducation. Et dans tout cela, il y a quelque chose qui doit être dans tout ce processus d'enseignement et d'apprentissage: le BNCC. BNCC est l'abréviation de National Common Base Curriculum, qui est un document qui fournit des lignes directrices sur la façon dont l'éducation devrait suivre de la petite enfance au lycée. Nous pouvons comprendre que le BNCC apporte l'idée de «vraiment apprendre», c'est-à-dire l'idée de simplement transmettre du contenu aux étudiants, mais leur apprendre à les utiliser a été perdu.

Dans un passé récent, nous avons eu l'idée que l'enseignant n'était que la personne qui parlait, tandis que l'élève n'était que l'auditeur. L'élève n'a pas toujours participé à l'enseignement lui-même. On peut dire que cette relation était presque robotique, dans laquelle l'enseignant était l'autorité maximale qui donnait les commandes, et l'élève ne recevait que ces commandes et les exécutait. La seule façon de mesurer l'apprentissage était de passer des tests, où les élèves étaient mesurés en erreurs et en réussites, juste en notes.

Maintenant, BNCC apporte le sens de l'enseignement à travers des situations qui sont une partie commune du développement. On peut citer, par exemple, l'acte de jouer dans l'éducation de la petite enfance, qui nous dit qu'à travers le jeu de l'enfant et l'interaction avec les autres enfants, avec l'enseignant, avec la nature, elle développe l'apprentissage.

Le BNCC nous ordonne d'établir et d'atteindre des objectifs pour le développement des étudiants, nous amenant à avoir une réflexion réflexive qui a été beaucoup étudiée par Donald A. Schön et John Dewey, où nous devons réfléchir aux expériences que nous offrirons aux étudiants, où et comment cet apprentissage sera appliqué, de quelle manière l'élève peut absorber ce contenu, parmi de nombreuses autres pensées possibles dans ce cas.

Parallèlement à la formation des enseignants traitée ici depuis le début, nous comprenons maintenant l'importance de cette formation, car la livraison de l'édition finale du BNCC et son approbation mettent en évidence le fait que les modèles et les pratiques scolaires évoluent vraiment et sont en constante évolution. Non seulement les modes d'enseignement évoluent, mais les modes d'apprentissage ont également changé.

Dans le passé, il était courant d'aller dans les bibliothèques pour faire des recherches, nous avons la mémoire du tableau noir écrit à la craie, les œuvres manuscrites livrées sur papier. Il était courant de travailler en groupe, toujours en réunion chez un collègue, où chacun écrivait une partie juste pour ne pas se fatiguer.

Bien sûr, tous ces concepts n'ont pas été totalement perdus, mais nous vivons aujourd'hui à une époque plus informatisée, où l'accès à l'information est devenu plus facile. L'évolution technologique permet aux étudiants de ne même pas se rencontrer en personne pour effectuer leurs travaux scolaires.

La façon d'apprendre évolue avec la technologie, et l'évolution humaine naturelle suit également son rythme, car aujourd'hui, un plus grand pouvoir de critique est perçu chez les étudiants. De nos jours, nous voyons des étudiants poser des questions, mettre leur opinion sur un certain sujet et même exposer leur propre connaissance du monde pour faire des comparaisons avec le contenu qui leur est enseigné.

Penser et réfléchir à ces questions est extrêmement important pour l'enseignant et sa formation d'enseignant, car il doit accompagner ces changements. Et même avec l'accent mis sur l'évolution de l'enseignement et de l'apprentissage, on ne peut pas sous-estimer les connaissances préalables que l'enseignant apporte avec lui dans ses bagages en tant qu'individu, car cela fait partie intégrante de sa perception du monde et est la base de ses relations interpersonnelles.

Le BNCC nous apporte également 10 compétences que les élèves devraient développer au cours de leur vie scolaire. Ces compétences vous aideront à survivre et à continuer de former votre analyse critique dans ce nouveau monde et à surmonter les défis quotidiens qui seront typiques du siècle dans lequel nous vivons. Ces compétences sont:

1. Connaissances: où l'élève apprend le contenu, mais cette fois, non seulement apprend à conserver le contenu, mais à l'utiliser.
2. Pensée scientifique, critique et créative: comme nous l'avons dit précédemment, il est déjà possible de constater que les étudiants ont déjà créé cette capacité d'analyse critique. Et maintenant, le BNCC vise à encourager ce type d'analyse.

3. Répertoire culturel: où l'étudiant doit découvrir d'autres types et manifestations culturelles qui sont différents des leurs. Cela contribuera sans aucun doute à votre développement intellectuel et à votre façon de voir le monde et l'autre.

4. Communication: L'élève apprend non seulement à s'exprimer de différentes manières, mais aussi à comprendre qu'il est nécessaire de donner du sens à son expression, facilitant ainsi la compréhension de l'autre.

5. Culture numérique: il va sans dire que la technologie n'a cessé d'évoluer et d'acquérir sa place dans l'éducation. Avec cette compétence, les étudiants ont tendance à tirer parti de la culture numérique de différentes manières, au profit d'eux-mêmes, des autres et de l'environnement.

6. Projet de vie et de travail: Au-delà d'apprendre à apprendre et à conserver les connaissances, les étudiants doivent savoir reconnaître et respecter les connaissances des autres, en plus de faire des choix dans leur vie qui se favorisent eux-mêmes et la société dans laquelle ils vivent.

7. Argumentation: En plus de conserver les connaissances et d'avoir une pensée critique, les élèves doivent développer la capacité de faire valoir leurs idées, leurs valeurs et leur compréhension des situations.

8. Connaissance de soi et prise en charge personnelle: il ne suffit pas de connaître le monde extérieur. Il est extrêmement important que l'élève en apprenne davantage sur lui-même et apprenne à se respecter.

9. Empathie et coopération: nous avons de l'empathie pour nous mettre à la place de l'autre. Au-

trement dit, en plus de connaître et de respecter l'autre, il est parfois nécessaire de voir le monde à travers les yeux d'une autre personne pour essayer de comprendre ses sentiments, ses idées, ses idéaux et ainsi rechercher la reconnaissance et l'entraide.

10. Responsabilité et citoyenneté: L'élève développera, à travers toutes les autres compétences décrites ici, en sachant comment être responsable de ses propres actes, en étant éthique dans l'environnement dans lequel il vit, en reconnaissant l'importance de l'inclusion sociale, en comprenant le concept de citoyenneté, de démocratie et de solidarité.

Ces compétences décrites ici font partie du BNCC - National Common Curricular Base et ont pour objectif de former les citoyens.

Dans le passé, l'éducation avait tendance à former des personnes pour le marché du travail. Tout enseignement avait en quelque sorte pour objectif de préparer l'étudiant aux examens d'entrée, aux épreuves de nature professionnelle. Dans le passé, il était courant que les écoles soient séparées par sexe afin que les garçons apprennent à maîtriser les outils, à travailler dans les champs, tandis que les filles étaient généralement préparées pour le travail domestique, y compris l'apprentissage, par exemple, de l'art de la couture.

Il est clair que de nos jours, et depuis un certain temps, l'école n'a plus ce rôle, cependant, jusqu'à récemment, certaines méthodes considérées comme archaïques étaient encore utilisées et sont devenues un héritage de ce passé. Maintenant, l'étudiant apprend à être un individu pensant, qui apprend vraiment, qui comprend son importance dans l'environnement dans lequel il vit et prend des décisions pour lui-même à mesure qu'il se développe.

Ce qu'il faut évaluer dans ce contexte, c'est le rôle de l'enseignant pour que tout cela soit vraiment possible à développer pour que le BNCC ne devienne pas seulement un document de théories. Pour que l'enseignant puisse aider ses élèves à développer de telles compétences, il faut qu'il les ait développées lui-même. L'enseignant a besoin de se connaître, de s'analyser et de se développer pour avoir la maîtrise et la confiance en soi lorsqu'il incite son élève à le développer. Cette formation des compétences des enseignants aura lieu, principalement à partir de leurs connaissances en tant qu'individu, qui, comme nous l'avons déjà mentionné ici, ont été acquises à travers leurs expériences personnelles, leur formation initiale et continue et leurs connaissances pédagogiques qu'ils ont développées et développées au cours de leur voyage actif dans l'éducation, car c'est là qu'il définira ses méthodologies.

La formation continue des enseignants doit désormais être orientée vers le respect des dispositions du BNCC non seulement de manière théorique, mais aussi de manière pratique, et - pourquoi ne pas le dire? - de manière réflexive, afin qu'ils puissent définir des buts et des méthodes pour que tous les objectifs soient atteints et consolidés. Avec cela, nous pouvons dire que si la manière et l'apprentissage et la manière d'enseigner évoluent, la manière dont la formation des enseignants est menée doit également évoluer.

La formation initiale doit également, dès le départ, faire de l'enseignant ce développeur individuel de compétences, à la fois en lui-même et en ses futurs élèves. Cela nécessite un changement de mentalité dans toute une communauté qui implique également les universités.

Dans la formation continue, ce dernier doit commencer à revoir tous ses aspects et méthodes afin que cet enseignant puisse non seulement apprendre en continu, mais se développer en continu.

La formation continue des professionnels de l'école est

également nécessaire, qu'il s'agisse de coordinateurs, de directeurs d'école, entre autres, afin que l'éducation et ses compétences soient dispensées sans déviations.

Pour que tout cela soit vraiment possible, en plus de tout ce qui est mentionné ici, un positionnement différent est nécessaire pour tous ceux qui, d'une certaine manière, participent à l'éducation de nos étudiants.

J'ose dire que nous sommes tous des éducateurs ayant des objectifs différents. Certains éduqueront avec les connaissances et les compétences de l'école, d'autres éduqueront avec des principes éthiques, d'autres éduqueront avec des relations personnelles.

Je laisse donc une réflexion: jusqu'où s'étend-elle et de qui dépend la formation d'un étudiant?

Peut-être que la réponse est que la formation continue s'étend à l'infini, ou peut-être qu'il n'y a pas de bonne réponse à cette question, mais j'invite tous ceux qui lisent à faire cette réflexion afin que, à partir de là, aussi comprendre quelle est sa part dans cette cascade l'éducation qui passe par tant de processus et tant d'individus.

BNCC et ses impacts sur le développement scolaire

Dans cette partie de notre conversation, nous parlerons un peu plus de ce que ce serait et comment cela s'applique au BNCC - National Common Curricular Base.

Comme nous l'avons déjà vu, le BNCC a été approuvé et publié par le MEC en 2018 afin de définir, de manière normative, les droits et devoirs liés à l'apprentissage et au développement pour les étudiants de tout le Brésil. De cette façon, l'éducation devient uniforme dans toutes les écoles du pays, publiques et privées, garantissant ainsi une éducation de qualité pour tous.

Nous avons également vu, sur les dix compétences générales qui visent à garantir, non seulement l'apprentissage du contenu scolaire, mais aussi contribuer à l'éducation humaine de l'élève en tant qu'individu, lui permettant d'acquérir une pensée critique, la connaissance de soi et la reconnaissance de l'autre et de la la façon dont vous vivez.

Ces dix compétences ont déjà été explorées par nous, ce qui nous permet maintenant d'avancer dans l'étude et la compréhension du BNCC et de tous ses détails.

Le BNCC ne vise pas à définir des cursus, ou un cursus unique, mais à guider l'enseignement comme une sorte de carte de navigation sans supprimer l'autonomie des écoles et des enseignants lors de l'enseignement et l'autonomie des élèves lors de leur apprentissage.

Pour une meilleure compréhension du lecteur, nous séparerons la compréhension du BNCC en deux parties: l'éducation de la petite enfance et l'éducation à l'école primaire.

Et à partir de là, nous comprendrons, de manière confortable, les aspects qui régissent le BNCC et qui sont à la base du bon développement de l'éducation de base brésilienne.

Éducation des enfants

L'éducation de la petite enfance est la première étape de l'éducation de base et elle est extrêmement importante pour le développement de l'enfant.

On pensait auparavant que l'éducation de la petite enfance ne serait que récréative, sans la fonction réelle de l'enseignement. Cependant, l'éducation de la petite enfance est une étape obligatoire dans la vie scolaire de l'enfant et a ses propres programmes à développer par les éducateurs afin d'initier l'élève à l'univers scolaire.

Au BNCC, l'éducation de la petite enfance associe certains

droits d'apprentissage à cinq domaines d'expérience dans le but de permettre l'apprentissage et le développement des élèves.

Tout d'abord, comprenons quels sont les six droits à remplir selon le BNCC:

1. **S'entendre:**Vivre avec des individus de cultures, de croyances et de coutumes différentes est essentiel pour permettre la capacité d'interagir à la fois avec des individus appartenant au même groupe dans lequel il est inséré en tant que société, et avec différents individus sous divers aspects. Il s'agit du premier droit d'apprentissage développé. Sans la capacité de vivre ensemble, il n'est pas possible de développer autant d'autres compétences fondamentales pour la formation de l'individu.
2. **Jouer:**Jouer dans l'enfance est extrêmement important et fondamental pour le développement de l'enfant à plusieurs égards. C'est par le jeu que l'enfant développe sa créativité et son imagination, qu'il joue avec des collègues, avec d'autres adultes, voire individuellement, en plus de favoriser l'interaction avec les autres et de contribuer directement au droit de vivre ensemble.
3. **Participer:**Il est très fréquent que les adultes n'autorisent pas les enfants à participer à certaines activités comme aider à organiser quelque chose parce qu'ils pensent qu'ils ne sont pas préparés, ou qu'ils ne seront pas en mesure de faire quelque chose de manière organisée et rapide comme ce serait le cas si cette activité était réalisée. par un adulte. C'est généralement parce que l'adulte cherche à gagner du temps, ou même, dans une intention positive de préserver l'enfant. Cependant, il est important de se rappeler que

l'acte de participer à l'enfant, même s'il s'agit d'activités pour aider au choix d'un jeu particulier, ou à l'organisation de certains matériels, la participation aide l'enfant à développer un sentiment d'appartenance et d'auto-importance.

4. **Explorer:**L'une des significations du mot explorer est d'analyser. Être capable d'analyser quelque chose, car l'enfant est d'une importance primordiale pour lui de commencer le développement de la capacité critique. Permettre à l'enfant d'explorer l'environnement, les goûts, la musique, diriger l'enfant vers son développement et c'est le droit de l'enfant à ce stade de sa journée d'école.
5. **Express:**L'enfant peut avoir des difficultés à exprimer certaines émotions à ce stade de la vie. Il est important que l'éducateur ait la sensibilité et reconnaisse l'importance de l'expression de l'enfant par rapport à ses sentiments, ses émotions pour qu'il apprenne à gérer ses propres émotions, en plus d'avoir le droit d'un enfant.
6. **Se connaitre:**Tous les autres droits étant garantis, l'enfant peut se connaître. Lors de sa rencontre, elle aura des contacts avec sa propre personnalité. Le droit de se connaître permet à l'enfant de se former de manière positive et d'apprendre à définir ses préférences, sa prise de décision et à se faire reconnaître, positive ou négative, les personnes qui l'entourent.

Ces droits guident la vie de l'élève, non seulement en ce qui concerne sa journée d'école, mais aussi son éducation en tant que citoyen. De plus, ils doivent être développés et appliqués dans les cinq domaines d'expérience. Ces domaines sont divisés de sorte qu'il est possible d'apprendre et de se développer sous différents aspects comme nous le verrons ci-dessous:

Le moi, l'autre et nous: Ce champ d'expérience vise à établir l'enfant regardant l'autre. Comprenez le sens de l'empathie et indiquez clairement que nos attitudes peuvent avoir un impact sur la vie des autres. C'est un important promoteur de la solidarité et de l'interaction avec d'autres individus, appartenant au même groupe d'âge ou à des âges différents.

Corps, gestes et mouvements: Ici, nous avons le champ qui concerne tout ce qui concerne le corps. Les expériences que l'enfant a avec son propre corps sont fondamentales pour qu'il puisse se connaître, en plus d'explorer l'environnement dans lequel il vit et ce qui l'entoure. Par le mouvement, l'enfant commence à se développer. Que ce soit avec des mouvements réflexes, comme c'est le cas avec les bébés, ou des mouvements volontaires.

Traits, sons, couleurs et formes:L'objectif ici est d'insérer l'enfant dans les pensées liées à l'art. C'est là que l'enfant commence à reconnaître les couleurs, les formes, les sons ... C'est aussi très important dans le développement de la pensée analytique, en commençant à établir des paramètres de ce qui peut être considéré comme beau, attrayant, intéressant à leurs propres yeux.

Écouter, parler, penser et imaginer: Ce champ d'expérience vise l'interaction. C'est le domaine qui permettra à l'enfant d'expérimenter et d'apprendre l'importance de parler et d'être entendu, et à partir de là, d'apprendre à tirer des conclusions sur les problèmes qui les entourent, en encourageant la réflexion et l'imagination des petits, en plus de promouvoir le respect mutuel et le sens de l'ordre, où l'orateur doit être respecté, et toutes les opinions sont valables, même en cas de désaccord.

Espaces, temps, quantité, relations et transformations: l'enseignement de l'espace peut sembler quelque peu difficile, car c'est un sujet qui nécessite une stratégie. L'idée ici est que l'enfant reconnaît les différents espaces où il est inséré et qu'il développe l'idée de dimension. Le jeu de «mettre la queue sur votre âne» est un exemple de compréhension de l'espace. Par exemple, lors de l'exécution de cette activité sur un terrain, l'enfant doit, les yeux bandés, atteindre l'objectif de mettre sa queue sur l'image de l'âne, qui se trouve à un certain point dans l'environnement. L'enfant recevra des conseils de ses pairs pour éviter d'éventuels obstacles et pour se déplacer dans la bonne direction. Cela permet de reconnaître l'espace et les dimensions de l'espace dans lequel il opère.

L'enseignement du temps est quelque chose qui, selon le groupe d'âge, pose également ses défis, car le temps n'est pas tangible. Une bonne idée est d'apprendre à mesurer le temps avec des exemples qui font déjà partie de la vie quotidienne de l'élève comme son âge, les jours de la semaine, entre autres exemples possibles.

En ce qui concerne les quantités, elle est liée à l'enseignement que l'enfant a déjà l'habitude de recevoir des enseignants, où il commence à reconnaître les chiffres. Là, elle peut comprendre l'importance du nombre zéro, par exemple, pour définir l'absence de quantités et les autres nombres pour comprendre combien vous avez de quelque chose.

Les relations qui doivent être mises en évidence dans ce champ d'expérience concernent les relations déjà établies par les enfants, même inconsciemment.

L'enfant peut déjà avoir une compréhension, par exemple, de la relation entre le dessert et la nourriture (le dessert ne peut être apprécié qu'après le repas principal). Comprend la relation entre le crayon et le dessin, entre autres connexions que l'enfant peut établir. Ces relations contribuent également à créer le sens analytique et critique de l'enfant, qui restera avec lui tout au long de sa vie. L'idée que tout change peut sembler difficile à comprendre pour les enfants, mais elle stimule également leur imagination et leur créativité. L'expérience, par exemple, de voir la graine se transformer en pousse puis en arbre aide à comprendre la transformation.

Tous ces domaines d'expérience présentés ont des objectifs d'apprentissage et de développement répartis en trois tranches d'âge, le premier groupe de bébés (0 mois à 1 an et 6 mois), le deuxième groupe de très jeunes enfants (1). ans et 7 mois à 3 ans et 11 mois) et le troisième groupe de jeunes enfants (de 4 ans à 5 ans et 11 mois)

Cette division est importante afin de choisir les moyens les plus appropriés pour chaque tranche d'âge afin d'assurer le bon développement de l'enfant et la réalisation des objectifs définis à ce stade de la journée scolaire de l'enfant.

Chacun de ces objectifs est accompagné d'un code alphanumérique qui aide l'éducateur à mieux comprendre le BNCC à ce stade. Ce code est divisé de manière à comprendre le niveau scolaire (1er et 2e chiffres), la tranche d'âge dans laquelle il s'inscrit (3e et 4e chiffres), le domaine d'expérience auquel appartient cet objectif (5e et 6e) et la position de la compétence dans la séquence numérique de ce domaine d'expérience (7e et 8e).

Il est important de souligner que ce code ne signifie pas l'établissement d'une hiérarchie ou d'un degré d'importance pour chaque objectif. C'est juste un contributeur à la meilleure compréhension de l'éducateur.

École primaire

Comme dans l'éducation de la petite enfance, le BNCC apporte une structure pour l'enseignement élémentaire, mais il est plus complexe pour cette période.

Le programme d'enseignement à l'école primaire contenait déjà des domaines considérés comme classiques tels que les langues, les mathématiques, les sciences naturelles et les sciences humaines. Ces espaces seront entretenus et accompagneront l'élève tout au long de sa journée scolaire.

À ce stade, le BNCC fournit des lignes directrices pour le travail effectué de la 1ère à la 9e année, mais aussi d'année en année, ce qui rend l'enseignement plus uniforme et objectif à chaque année scolaire. Chacun des domaines de connaissance établit des compétences spécifiques pour chacun. Et ces compétences sont liées aux 10 compétences générales que nous avons vues auparavant. Et dans chaque domaine de connaissances, nous avons ses composantes curriculaires, qui établissent également des compétences spécifiques pour chaque composante.

Tout cela se fait dans le but de comprendre et de fixer efficacement les connaissances que vous avez l'intention de transmettre à l'étudiant, d'une manière qu'il apprend non seulement, mais qu'il peut également exercer dans sa vie au sein de la société dans laquelle il est inséré et afin qu'il soit capable de transmettre connaissances à l'autre.

Les compétences de chaque domaine de connaissances et de ses composantes doivent être articulées séparément. Comme dans l'éducation de la petite enfance, les compétences et les objectifs sont divisés en groupes d'âge, les compétences et les objectifs de l'enseignement élémentaire, en plus d'être divisés par année scolaire, sont également divisés en 3 parties, que nous verrons ci-dessous:

Unités thématiques:est le thème proposé pour ce moment. Par exemple, dans le domaine des sciences humaines, où l'étudiant aura le cycle de l'eau comme unité thématique. Au sein de cette unité thématique, l'étudiant doit comprendre les facteurs qui entourent le sujet en question et qui lui sont liés.

Objets de connaissances: à ce stade, l'éducateur présente à ses élèves des éléments qui illustrent et démontrent aussi clairement que possible les connaissances qui doivent être transmises à l'élève.

Compétences: ce sont les apprentissages essentiels qui doivent être acquis par les étudiants dans le domaine de la connaissance et l'unité thématique qui est étudiée en ce moment.

Outre les objectifs envisagés dans les domaines d'expérience que nous avons vus en parlant de la petite enfance, les compétences à développer sont également accompagnées de codes alphanumériques qui sont nos assistants lors de la «navigation» et de la consultation du BNCC.

École primaire - dernières années

Cette étape de l'enseignement élémentaire envisage les années scolaires de la 5e à la 9e année, et sont souvent des années oubliées ou moins valorisées, car la scolarité se concentre souvent sur l'alphabétisation et l'enfance.

Les dernières années du primaire sont une période de transformation dans la vie de l'élève, car c'est le départ de l'élève de l'enfance et son entrée dans l'adolescence. Cette phase doit être examinée attentivement par les éducateurs, car c'est une période de changement à plusieurs égards. Le corps subit des changements, souvent confus du point de vue de l'adolescent, les sentiments et les sensations deviennent plus touchés, étant souvent le moment de développer des pensées négatives concernant leur propre estime de soi, voire une confiance en soi exacerbée, ce qui peut également être nocif.

Les relations changent également à ce stade. L'adolescent traverse un moment où il se sent obligé de faire partie d'un certain groupe, ce qui peut engendrer des conflits internes et des auto-accusations.

Il y a également une attente pour l'avenir. Où l'élève va au lycée et commence généralement à réfléchir à ses projets futurs tels que l'entrée à l'université.

Tous ces changements ont un grand impact sur la vie scolaire de l'élève qui, parce qu'il est tellement plongé dans différentes situations et transformations de sa vie, peut commencer à avoir plus de difficultés dans sa journée d'école.

Par conséquent, il est important d'accorder une attention particulière aux éducateurs et aux écoles pendant cette étape scolaire. Il est important que les connaissances acquises dans les premières années du primaire soient approfondies et figées, car ce sont les bases des autres connaissances qui seront acquises à partir de là.

> *«Les changements inhérents à cette phase de la vie impliquent la compréhension de l'adolescent en tant que sujet en développement, avec des singularités et leur propre identité et arrière-plan culturel, qui exigent des pratiques scolaires différentes, capables de réfléchir à leurs besoins et à différents modes d'insertion sociale.» (Brésil, 2017, p. 60).*

De cette façon, nous voyons la nécessité d'adapter les pratiques et les connaissances scolaires afin d'accueillir l'adolescent et ses besoins afin qu'il reste engagé dans la poursuite de ses études et continue d'acquérir des connaissances et de les transmettre tout au long de sa vie, après tout, non nous pouvons oublier qu'il ne s'agit pas de former des étudiants exemplaires, mais des citoyens, qui prendront des décisions qui auront un impact sur des vies, des communautés entières.

L'école a un rôle fondamental à jouer dans cet aspect, car tout ce qui y est appris servira de base à la vie future de cet élève pensant. Le BNCC ne se pose pas comme une carte à suivre dans un certain ordre, mais permet l'autonomie et la flexibilité de l'école et du professeur. Cette autonomie nous permet de travailler de manière plus humaine, déconstruisant l'idée de l'enseignement mécanisé et plâtré, comme le dit le BNCC:

> *«(...) les critères d'organisation des compétences au BNCC (avec l'explication des objets de connaissance*

> *auxquels ils se rapportent et le regroupement de ces objets en unités thématiques) expriment un arrangement possible (entre autres). Par conséquent, les regroupements proposés ne devraient pas être considérés comme un modèle obligatoire pour la conception des programmes. » (BNCC, p. 328)*

Compte tenu de cela, il sera également possible de réaliser que nous transmettrons également cette autonomie et cette flexibilité aux étudiants, qui pourront développer leurs modes d'apprentissage et de transmission des connaissances.

Il s'agissait d'une brève explication de certains points fondamentaux qui composent le BNCC et qui contribuent au nivellement de l'enseignement dans la petite enfance, l'école primaire et secondaire.

Les définitions du BNCC pour l'enseignement secondaire ont commencé après les définitions de l'éducation de la petite enfance et de l'enseignement élémentaire, mais sont structurées de manière similaire, mais plus complexes de sorte que l'apprentissage acquis pendant toute la journée scolaire précédant celle-ci soit effectué et approfondi de manière à ce que l'étudiant peut poursuivre ses études de citoyen et ses études supérieures.

Nous savons alors que le BNCC a une valeur inestimable dans cette nouvelle phase de l'éducation nationale, en nous fournissant non seulement des informations théoriques et législatives, mais quelque chose qui rend l'apprentissage concret.

Nous pouvons voir que le BNCC est un document bien fondé, non seulement dans les connaissances de l'école classique, mais dans la formation de l'élève comme un citoyen pensant, un faiseur d'opinion, qui analyse, qui prend des décisions pour lui-même, sachant comment profiter à lui-même, à l'autre et à l'environnement dans lequel vous vivez.

Il est important que les écoles adoptent le BNCC non pas

comme un «document de tiroir», mais comme un instrument de transformation et d'évolution. Pour cela, il faut étudier, approfondir le BNCC de manière constante pour que la compréhension se renouvelle. Lisez le document plus d'une fois, essayez de l'interpréter, sachez le transmettre à d'autres professionnels afin qu'il puisse être appliqué de la manière la plus efficace possible.

Comme son nom l'indique, le BNCC est un document qui doit servir de base à l'éducation, c'est-à-dire qu'il n'est pas unique, mais c'est de lui que les lignes directrices nécessaires émergeront pour qu'il puisse marcher et avancer sur le chemin de l'éducation. de plus de qualité, entourée d'autonomie aux professionnels et aux formes d'apprentissage de chaque élève.

Nous pouvons également dire que le BNCC est une grande porte vers de nouvelles opportunités. Peut-être que la première opportunité que nous pouvons envisager et explorer, comme nous l'avons déjà dit, est l'opportunité de l'évolution de l'éducation, car grâce à elle, nous aurons des façons plus raffinées de faire l'école et de faire l'éducation.

Une autre opportunité à saisir avec l'efficacité et la mise en œuvre du BNCC par les écoles est l'opportunité de développer un curriculum mieux fondé et concret, car, même avec les connaissances de base obligatoires, le BNCC nous permet d'inclure des thèmes dans le curriculum qui font partie de l'histoire régionale de ce milieu dans lequel l'école est insérée.

Le fait d'avoir un programme bien fondé et complet place sans aucun doute l'école dans une position de premier plan, tant pour les familles, qui prennent en compte divers aspects pour inscrire leurs enfants, mais aussi pour les élèves eux-mêmes.

Pour l'enfant, il est extrêmement important de connaître son histoire. Sachez ce qui s'est passé dans votre gagne-pain. Un exemple classique est la curiosité d'un enfant quand il entend une phrase d'un parent plus âgé dire: «quand j'avais ton âge, ce quartier a été envahi par la brousse». Car, pour l'enfant, il est naturel qu'il pense que tout était comme il le voit aujourd'hui.

Par conséquent, il est important de savoir comment profiter du BNCC et de ses opportunités, non seulement de manière théorique, mais de manière pratique, qui suscite la curiosité de l'étudiant et génère en lui le désir d'apprendre et le désir d'en savoir plus sur les diverses connaissances présentées à lui, et l'environnement dans lequel il vit.

Les enseignants et autres professionnels de l'éducation motivés à enseigner et à effectuer un travail de qualité, génèrent sans aucun doute des étudiants motivés qui recherchent des connaissances et cherchent à être des participants à l'éducation et des protagonistes de leur propre histoire.

Les impacts de la formation continue sur les taux d'apprentissage

À ce stade de notre conversation, nous allons aborder un sujet très important à la lumière de tout ce qui a été dit jusqu'à présent: la formation continue des enseignants.

La formation continue est un facteur extrêmement important, non seulement pour l'évolution de l'enseignant en tant que professionnel, mais a également un impact sur l'ensemble d'un système éducatif, contribuant à l'amélioration des niveaux d'apprentissage des élèves.

Pour que cette formation soit efficace, certains facteurs doivent être pris en compte tels que l'objectif qui doit être atteint, quelles sont les attentes liées à cette formation, entre autres. Parmi ces facteurs, on peut mettre en évidence, par exemple, l'étude du cursus adopté par la commune dans laquelle elle opère pour que cette formation continue soit conforme aux paramètres déjà adoptés par la commune afin qu'il n'y ait pas de décalage dans l'information et pour garantir une un enseignement plus uniforme et plus adapté au curriculum utilisé.

En général, nous savons que les enseignants et les gestionnaires ont déjà des connaissances sur ce programme et le suivent probablement déjà dans leur travail quotidien. Ce qu'il faut, en plus de connaître le curriculum, c'est de comprendre leurs objectifs d'apprentissage, c'est de comprendre comment ce curriculum contribue à l'éducation de l'élève et de voir quelles sont les meilleures méthodes à utiliser pour que le curriculum en question soit effectivement appliqué, non seulement de manière à «verser du contenu» dans le cerveau de l'élève, mais aussi, comme nous l'avons mentionné précédemment, afin qu'il soit en mesure d'appliquer les connaissances acquises dans sa vie quotidienne et de contribuer au développement du sens analytique et critique de l'élève et votre éducation en tant que citoyen.

Un autre aspect important à prendre en compte dans la formation continue des enseignants est le PPP - Projet politique pédagogique pour chaque école. Le PPP est un document qui guide la proposition éducative d'une certaine école et un instrument important pour qu'un travail effectué collectivement soit vraiment efficace lorsque des responsabilités sont attribuées à chacun des membres du progrès scolaire ou à l'équipe dans son ensemble afin que l'objectif soit Atteint.

Ces deux facteurs doivent être bien pris en compte lorsque nous pensons au développement d'un programme de formation continue pour les enseignants, car, sans ces facteurs, une telle formation n'aurait pas de sens et ne deviendrait qu'un processus théorique et peu pratique, car elle confronterait des points importants qui entourent déjà l'école et ses progrès ainsi que la vie quotidienne de tous les professionnels de l'éducation.

On ne peut pas considérer la formation des enseignants comme un simple «cram» où les informations ne sont transmises qu'aux enseignants, ce qui rend souvent quelque chose de monotone et de peu d'utilité. Plus que cela, il est également important que l'enseignant qui est la cible de cette formation continue soit non seulement un auditeur, mais un participant au processus afin qu'il puisse exposer ses idées, ses pensées, ses expériences, ses connaissances théoriques et pratiques afin que l'apprentissage et l'évolution sont mutuels, atteignant ainsi toutes les personnes impliquées dans le processus de formation continue.

Avant d'entamer le processus d'élaboration d'un programme de formation continue, il est nécessaire d'avoir une vision large des problèmes qui entourent l'éducation dans l'environnement dans lequel elle est insérée. Comprendre où se trouvent les difficultés des enseignants, qu'il s'agisse de communiquer avec leurs élèves, ou comment appliquer certaines méthodologies, ou quelles que soient les difficultés, il est important qu'elles soient connues et discutées afin que ces sujets soient abordés et présents tout au long du programme de la formation continue pour briser certains tabous qui peuvent être présents dans la vie quotidienne des enseignants au cours de leur activité professionnelle.

Non seulement cela, il est également nécessaire de comprendre quelles sont les difficultés présentes dans la vie des élèves en tant qu'élèves afin qu'ils puissent également trouver des moyens d'assurer une meilleure interaction enseignant-élève, comprendre où sont les difficultés d'apprentissage et les absences présentes dans le voyage les performances scolaires des élèves en général.

Reconnaissant les problèmes qui entourent la vie scolaire des enseignants et des élèves, il est nécessaire de planifier comment, à travers cette formation, nous essaierons de présenter des outils et des méthodes afin que de telles situations soient résolues et optimisées afin d'augmenter la qualité de l'enseignement et apprentissage.

À partir de là, il sera vérifié qui seront les professionnels responsables de l'application de la formation continue, quels seront les sujets abordés, quelles méthodologies seront utilisées dans le processus, entre autres choses qui devraient être adaptées à la réalité du lieu où ce programme sera appliqué.

La formation continue étant déjà en cours, il sera possible de vérifier l'efficacité du programme à travers une enquête auprès des enseignants et, par la suite, de vérifier si les objectifs sont atteints grâce à l'analyse des indices d'apprentissage qui seront obtenus avec la formation continue des enseignants.

Il est important de souligner que la formation initiale des enseignants est fondamentale et qu'elle servira de base à la performance du professionnel, ainsi qu'aux connaissances préalables que l'enseignant détient déjà.

L'idée de la formation continue ne vise pas à faire baisser les connaissances ou les idéaux que l'enseignant apporte avec lui depuis sa formation initiale et ses expériences pratiques en classe, mais plutôt à optimiser les processus et à améliorer la qualité de l'enseignement dans son ensemble, car les modèles scolaires sont en constante évolution.

Pour que cela soit vraiment possible et positif, il faut aussi que l'enseignant ait l'esprit ouvert pour recevoir et absorber les nouvelles qui apparaissent dans l'univers scolaire influencées par les nouvelles technologies, les nouvelles lois, les nouvelles idées.

Il est important que l'enseignant soit disposé à évoluer avec l'éducation et qu'il soit toujours disposé à apprendre, car, pour enseigner, il faut d'abord apprendre. Et lorsque nous parlons d'apprentissage, nous ne mentionnons pas seulement les connaissances scolaires classiques comme l'histoire ou les mathématiques, par exemple. Il est nécessaire d'apprendre et de s'améliorer dans de nouvelles méthodes pour rendre l'école et transmettre les connaissances de manière à ce que l'enseignement soit quelque chose de plaisant, et pas seulement quelque chose établi comme obligatoire.

En ce qui concerne l'enseignement et l'apprentissage, il existe des programmes d'évaluation qui visent à mesurer le niveau d'apprentissage des élèves à différentes étapes de la journée scolaire, comme c'est le cas par exemple de l'ENEM - National High School Exam.

L'ENEM, comme son nom l'indique, est un examen (un test) qui teste l'apprentissage des élèves à la fin du lycée dans tous les domaines de la connaissance tels que les sciences naturelles, les sciences humaines, les langues, etc.

En plus d'être un outil important pour mesurer le niveau d'apprentissage des étudiants, l'ENEM peut également être un moyen d'entrer dans l'enseignement supérieur, où les étudiants, lorsqu'ils obtiennent des notes satisfaisantes, peuvent utiliser le résultat de l'ENEM pour s'inscrire à l'université publics et privés et demander des bourses.

L'INEP est l'organisme responsable de l'élaboration et de l'application de l'ENEM et d'autres évaluations afin de vérifier les niveaux d'apprentissage non seulement dans l'enseignement de base, mais également dans l'enseignement supérieur.

INEP - Institut national d'études et de recherche pédagogiques Anísio Teixeira est lié au ministère de l'Éducation (MEC) et est une autarcie fédérale, c'est-à-dire qu'en dépit d'être supervisé par le gouvernement, son fonctionnement est autonome, créé le 13 janvier 1937.

Outre l'ENEM, l'INEP commande également d'autres activités dans le domaine de l'éducation afin de collecter des données sur les niveaux d'apprentissage à différents niveaux et étapes de la journée scolaire nationale de base.

Parmi ces activités, on peut citer, par exemple, «provinha Brasil», qui évalue les niveaux d'alphabétisation des élèves de 2e année du primaire.

En plus de cela, nous avons également le SAEB - National Basic Education Assessment System. Il s'agit d'une recherche menée à travers deux composantes pour évaluer les élèves dans les matières de portugais et de mathématiques chez les élèves entre la 5e et la 9e année de l'école élémentaire, ce qui est le cas de Prova Brasil (évaluation nationale des performances scolaires), et pour évaluer les élèves le réseau public et privé des écoles publiques et privées qui fréquentent la 3ème année du lycée, c'est le cas de l'Aneb (Evaluation Nationale de l'Education de Base).

L'INEP est également responsable de l'évaluation de l'enseignement supérieur à travers des tests et analyses visant à diagnostiquer d'éventuels échecs, en plus d'être des instruments de reconnaissance ou de renouvellement d'un certain cursus d'enseignement supérieur, comme le cas de l'ENADE (National Student Performance Exam), qui il s'agit d'un test écrit appliqué chaque année pour évaluer les cours d'enseignement supérieur dans le pays.

Il est important de garder à l'esprit que la formation continue des enseignants a une influence directe sur les taux d'apprentissage, étant un outil indispensable pour obtenir une évolution significative de la formation de base des élèves et pour améliorer le travail des enseignants en général, donc , ces deux aspects doivent aller de pair, j'ai toujours le même objectif.

Ce n'est qu'avec la formation initiale des enseignants qu'il n'est pas toujours possible de garantir une éducation de qualité totale, car, comme nous l'avons déjà dit, l'univers de l'éducation est en constante évolution et entouré de changements en fonction du temps dans lequel nous vivons, de la région, la communauté qui l'entoure avec ses cultures et ses croyances, entre autres aspects d'une importance capitale.

La formation initiale des enseignants est la base de son travail, en plus d'être une exigence pour entrer dans la profession d'enseignant, mais nous pouvons voir la formation continue comme le mouvement qui fait tourner la vitesse dans l'éducation.

Si nous imaginons ce que serait l'éducation sans formation continue, nous pourrions facilement visualiser une éducation archaïque, qui n'évolue jamais, car la formation continue n'est pas seulement une formation professionnelle, c'est aussi une évolution de la pensée.

À travers elle, vous pouvez voir l'univers de l'éducation sous tous les angles.

Sans formation continue, il n'est pas difficile d'imaginer que nous formerions encore des personnes simplement pour la main-d'œuvre sur le marché du travail, où les fonctions seraient prédéfinies, réparties entre garçons et filles, comme c'était le cas par le passé.

Avec une formation continue, nous pouvons toujours vérifier les progrès, améliorer ce qui doit être amélioré, prendre du recul dans ce qui doit être reculé, toujours avec la participation active des enseignants qui reçoivent cette formation continue, car chaque professionnel est unique. Chacun a ses connaissances individuelles, sa connaissance du monde, ses cultures et ses croyances. Cette combinaison de qualités et de connaissances, en plus des expériences vécues, contribue sans aucun doute à l'évolution de l'éducation.

L'évolution constante est sans aucun doute quelque chose qui nous profite et nous oriente vers des taux de plus en plus élevés en ce qui concerne l'enseignement et l'apprentissage, et ce n'est pas quelque chose qui ne devrait être considéré que comme une simple bureaucratie ou même simplement des chiffres vus sur papier , mais nous devons y voir une réelle contribution à la vie des élèves à toutes les étapes de leur vie scolaire.

Les progrès dans l'apprentissage de nos étudiants sont ce qui formera de meilleurs citoyens, de meilleures personnes, de meilleures politiques publiques à l'avenir.

L'évolution de l'éducation devient alors une réaction en chaîne: les enseignants diplômés et se consacrant à la formation continue, évoluent en tant que professionnels et en tant que personne, ouvrant leur esprit à ce qui est nouveau et ouvrant les yeux sur les problèmes et les difficultés qui entourent votre univers professionnel.

Avec cela, ils apprennent et développent de meilleures méthodes d'enseignement, optimisant leur travail et conduisant l'étudiant à un apprentissage plus efficace, où ils sont capables d'analyser, de discerner des informations, d'interpréter et d'appliquer tout ce qui est appris et de développer l'étudiant sous divers aspects, être intellectuel, social, culturel, entre autres.

Et cet étudiant, qui a été directement impacté par l'évolution des enseignants, et, par conséquent, sa propre évolution, devient désormais le professionnel qui contribue à la société, est capable de choisir et de développer sa profession, contribuant à des politiques publiques optimisées et équitables, générer et transmettre des connaissances, et bon nombre de ces étudiants seront également des enseignants qui continueront à faire évoluer l'enseignement au Brésil et dans le monde.

On s'attend à ce que les enseignants et les sociétés valorisent la formation continue, qu'ils cherchent à apprendre et à évoluer et à abandonner les processus archaïques, qu'ils abandonnent finalement les «vices acquis», et qu'ils s'imprègnent de l'apprentissage et de l'évolution afin que tout cela ait été dit ici, et bien plus que cela, être réalisé et pratiqué pour le plus grand bien de l'éducation et tous les autres domaines qui en dépendent. Cela contribue certainement directement à la valorisation des enseignants et de l'éducation par la société, car elle évolue à un rythme rapide.

Les enseignants sont des personnes qui, bien qu'elles ne fassent partie de la vie de l'élève que pendant une certaine période, seront toujours présentes dans l'esprit de l'élève, qu'elles soient mémorisées de manière positive ou négative. Cette mémoire de l'enseignant de la part de l'élève est due non seulement à ses connaissances scolaires, mais à ses performances didactiques, sa capacité à communiquer, à écouter et à accueillir l'élève, entre autres.

Dans ce contexte, la formation continue est également importante, car le contact avec d'autres professionnels, l'échange d'expériences et l'apprentissage mutuel contribuent également à l'évolution de l'enseignant dans ces domaines, faisant de lui non seulement un meilleur professionnel, mais aussi un plus attentif et accueillant, qui sait captiver ses élèves et développer l'empathie, créant également, à partir de là, des citoyens empathiques et plus solidaires.

Considérations finales

Face à tout ce dont nous avons parlé à toutes les étapes de notre conversation, nous pouvons maintenant tirer des conclusions et des leçons de ce que nous avons pu discerner et apprendre jusqu'à présent.

Rappelons tout d'abord le BNCC - National Common Curricular Base, qui, comme nous le savons déjà, est un document ayant pour objectif de guider l'enseignant et l'école en matière d'enseignement, afin que cet enseignement soit, en fait, efficace et uniforme pour toutes les écoles du pays, qu'elles soient publiques ou privées, en plus de conduire l'élève à développer certaines compétences qui le suivront à toutes les étapes de sa vie, pas seulement de limiter son parcours d'élève.

En plus du BNCC, nous avons évoqué l'importance de la formation des enseignants aujourd'hui et quels sont les impacts de cette formation sur l'univers scolaire et sur la vie des élèves.

Toute cette formation contribue certainement à l'accueil définitif de l'étudiant et au développement des compétences nécessaires pour se développer en tant que citoyen et individu capable d'analyser et de prendre des décisions. Tout au long de notre vie d'étudiant, il est courant pour nous de ne jamais penser à la façon dont l'enseignement est construit ou au fonctionnement de l'école.

Nous nous arrêtons à peine pour réfléchir à ce que c'est

que de faire partie de l'univers de l'éducation ou à quel point c'est important pour la construction et le bon fonctionnement d'une société dans son ensemble, mais ici nous avons l'occasion de réfléchir sur cet univers et où sont ses problèmes actuels et défis, certains d'entre eux que nous avons pu observer au cours de notre conversation. Mais peut-être y a-t-il quelque chose d'encore plus grand qui doit être vu et analysé par tous ceux qui font de l'éducation: les données de l'éducation actuelle.

Il ne sert à rien de penser simplement à la formation, à l'innovation et à la mise en œuvre si l'objectif principal de notre travail n'est pas vraiment d'atteindre l'objectif d'élever les niveaux d'apprentissage de nos étudiants.

Selon certaines études, on estime que 8 élèves du secondaire sur 10 n'ont pas appris les mathématiques de manière essentielle. Ce fait à lui seul nous servirait de base pour nous faire une idée de l'éducation au Brésil.

Cette analyse, qui ferait l'objet de notre préoccupation, nous porte à croire qu'en plus de former les enseignants et d'utiliser et abuser de toutes les ressources que nous fournit le BNCC, nous devons rester focalisés sur les étudiants et ne jamais l'oublier.

Une éducation efficace est celle où vous pouvez voir des résultats. Ces résultats doivent être gérés et observés de près par tous les professionnels de l'éducation, afin que tout ce qui nous est proposé et tout ce que nous proposons ne soit pas simplement théorique, voire esthétique. Il ne suffit pas de démontrer une méthodologie qui semble agréable aux yeux des étudiants et de leurs familles, bien que cet aspect soit également extrêmement important pour captiver ceci et les gens, mais bien plus que cela, la proposition doit être efficace de manière complète et solide.

Les étudiants captivés par l'enseignement qui leur est présenté sont des étudiants qui ont tendance à démontrer leurs connaissances aux autres et, lors de la démonstration, à les fixer sur leur intellect afin que ces connaissances ne soient pas facilement perdues.

Il est nécessaire pour l'enseignant de développer la capacité de voir son élève et sa façon d'apprendre et de comprendre que même si l'enseignement est uniforme en matière de qualité, entre autres aspects, chaque élève a sa propre façon d'apprendre et d'absorber contenu qui leur a été présenté. Il est important que l'enseignant sache respecter et travailler avec l'individualité de chacun de ses élèves, en veillant à ce que les informations transmises parviennent à tous sans déviation, quitte à adopter de nouvelles méthodes d'enseignement et de nouvelles méthodes d'enquête. Cela a aussi à voir avec l'inclusion. Nous savons que dans une classe, nous pouvons trouver différents types d'élèves.

Il est naturel de trouver des élèves ayant certains troubles cognitifs et d'apprentissage qui peuvent générer des écarts lors de la consolidation des informations et du contenu appris. Donc, tout ce qui s'applique doit être pris en compte les difficultés qui peuvent survenir pour comprendre ces élèves et savoir comment les stimuler dans la bonne mesure et de la bonne manière afin qu'ils soient également des participants à l'éducation et des protagonistes de leur propre apprentissage.

Tout cela est lié à ce dont nous avons parlé jusqu'à présent, car il est important que l'éducation ne soit pas superficielle et surtout qu'elle ne soit pas seulement une question d'apparence. L'éducation doit être consolidée et cela englobe plusieurs aspects.

L'enseignant, en approfondissant ses connaissances ainsi que l'évolution de la formation initiale et continue des enseignants avec la fondation du BNCC, doit réfléchir et comprendre où sont les défis qui entourent son espace et son environnement de travail pour pouvoir ensuite stipuler: lui-même et ses «disciples» éducatifs buts et objectifs qui peuvent être atteints sans éducation ennuyeuse, difficile à comprendre et avec des résultats inférieurs aux attentes par les indices qui effectuent cette mesure dans les systèmes gouvernementaux nationaux et internationaux.

Il est courant que l'enseignant cherche actuellement des moyens d'évoluer professionnellement, de se démarquer sur le marché du travail et d'être plus compétitif au sein de la profession, ce qui n'est pas faux, cependant, il ne faut pas oublier que, tout d'abord, l'enseignant porte avec lui une mission.

La mission de l'éducation va bien au-delà d'être un professionnel avec une excellente formation académique. Mais toute cette excellence doit avoir un but. Nous ne devons pas oublier que cet objectif doit toujours viser la formation des êtres humains. Des citoyens qui continueront à construire une société entière, qui, comme nous l'avons déjà dit, seront les nouveaux gouverneurs, les nouveaux professionnels, ceux qui feront avancer la technologie et ceux qui doivent garantir et maintenir la durabilité et tous les soins avec l'environnement.

Quelle profession plus stimulante et plus affectueuse à éduquer! Que tous les enseignants aient la possibilité de réfléchir à la profession qu'ils choisiront et de penser que, d'une certaine manière, ils ont également été choisis et ont le privilège de participer activement à la formation de tant d'autres personnes. Aucune autre profession ne serait possible sans la profession d'enseignant. C'est de l'enseignant que toutes les autres professions peuvent exister. Être éducateur, c'est regarder vers l'avenir tout en travaillant sur le présent de différentes manières. C'est savoir explorer l'environnement et en tirer le meilleur parti. C'est savoir accueillir l'élève avec tous ses doutes, ses difficultés, ses désirs, ses rêves, ses objectifs, ses traumatismes, ses frustrations et les élever à des niveaux supérieurs en lui-même, lui faire voir qui il est et trouver ses propres valeurs.

Être éducateur n'attend rien en retour, mais avoir la récompense, même à long terme, de voir les progrès de ses élèves, de voir des personnes de valeur se former et se former. De nouvelles personnes qui savent se respecter, respecter les autres et l'environnement.

Enfin, je veux faire une brève comparaison de l'enseignant avec de l'eau ici. L'eau est ce qui nous permet de rester en vie. C'est ce qui nous permet de nettoyer l'organisme, d'éliminer les impuretés, parmi tant d'autres fonctions qu'il a et son importance pour la vie.

J'ose donc dire que si l'eau est l'élixir de la vie, c'est l'enseignant qui aide à lui donner un sens.

Références

Comprendre les 10 compétences générales du BNCC. Disponible sur: https://revistaeducacao.com.br/2018/10/05/bncc-competenciasgerais/

École élémentaire de la petite enfance. Disponible sur: http://basenacionalcomum.mec.gov.br/implementacao/praticas/caderno-de-praticas/ensino-fundamental-anos-iniadas/

Fin de l'école primaire. Disponible sur: http://basenacionalcomum.mec.gov.br/implementacao/praticas/caderno-de-praticas/ensino-fundamental-anos-finais/

BNCC - Lycée. Disponible sur: http://portal.mec.gov.br/conselho-nacional-de-educacao/base-nacional-comum-curricular-bncc-etapa-ensino-medio

BNCC NA PRÁTICA - Educação Infantil, FTD Educação, 2018.

BNCC EN PRATIQUE - Dernières années d'école élémentaire, FTD Education, 2019.

PROFESSIONNELS DE L'ÉDUCATION CONTINUE. Vidéo disponible sur: https://www.youtube.com/watch?v=fIVNI3jeuY8.

ÉVALUATION, EXAMENS ET INDICATEURS DE L'ÉDUCATION DE BASE - INEP. Vidéo disponible sur: https://www.youtube.com/watch?v=_OSXXH5KBVw

PISE. Vidéo disponible sur: https://www.youtube.com/watch?v=mCkqSDp1g84

QEdu - Données éducatives. Disponible sur: https://qedu.org.br/?gclid=Cj0KCQjw17n1BRDEARIsAFDHFez1SB2Rggpo1f4vBDb15

Rapport PISA 2018 - Seuls sept des 79 pays ont amélioré leurs résultats dans le rapport PISA. Disponible sur: https://brasil.elpais.com/brasil/2019/12/03/ciencia/1

Remarque: tous les sites ont été consultés entre le 1er et le 31 mai 2020.

PARTIE II: FORMATION DES ENSEIGNANTS - Y COMPRIS, SAVOIR ET SAVOIR

"Connais-toi toi-même et tu connaîtras l'univers et les dieux." - Socrate

Entendons-nous parfois des discussions sur la durée d'une formation appropriée des enseignants? Quel contenu doit être abordé? Quelles stratégies utiliser? Toutes ces questions ont beaucoup de sens lorsque nous pensons à l'éducation dans un nombre infini de possibilités. Nous en venons à comprendre que les choix commenceront à orienter nos chemins vers ce que nous voulons ou non. Plus nous faisons de choix, plus nous nous rapprochons d'une voie affirmée, pleine et heureuse. Au contraire, c'est également vrai. Ainsi, l'enseignement et l'apprentissage doivent avoir une vision et une planification à court, moyen et long terme. Depuis l'apprentissage et l'enseignement est une course sans fin. En fait, chaque point d'arrivée est un nouveau point de départ. Un nouveau départ, un nouveau départ, un nouvel apprentissage, un nouvel enseignement. C'est un recadrage quotidien. Une classe ne sera jamais la même qu'une autre, même si le contenu est identique ou similaire. Le contenu constitue le texte du processus. Cependant, pour que le texte ait un sens, nous devons construire un contexte fructueux qui rend le texte significatif et agréable. Penser l'éducation comme un terrain fertile pour construire de nouveaux contextes peut aider non seulement dans l'enseignement, mais aussi dans l'apprentissage.

Une formation complète pour la vie doit inclure. L'éducation ne laisse personne de côté. Tout le monde est important. Peu importe les limitations. L'éducation a des alternatives capables d'inclure n'importe qui à tout moment. Il suffit que l'enseignant se consacre à connaître les différentes possibilités pour qu'il soit plus affirmé dans son choix.

Une formation complète pour la vie doit être connue. L'enseignant est un étudiant éternel, chercheur ou curieux. Infatigable par la recherche de connaissances, l'enseignant se réalise lorsqu'il se rend compte qu'il est capable d'interagir avec différentes matières dans différents environnements avec différentes personnes. Mais pas passivement, secouant simplement la tête pour les commentaires des autres ou renforçant les lignes précédentes. Le professeur chercheur est actif. L'enseignant chercheur est le protagoniste de sa propre vie et aide les autres à trouver leur place dans le monde et à être des protagonistes.

Une formation complète pour la vie doit être connue. La connaissance est la connexion des points. C'est ainsi que nous appliquons tout ce que nous savons pour rendre notre vie et celle des autres beaucoup plus épanouissante, agréable et heureuse. Peut-être que le plus grand sens de la vie est d'utiliser les connaissances pour transformer des vies. Et, chaque jour, cette connaissance s'améliore: consciemment ou inconsciemment. Ce processus d'itération continue d'Aristote appelé Excellence. Et, peut-être, la vie est la suivante: la recherche de l'excellence. Vivre dans l'excellence. Cherchez à être meilleur, mais pas nécessairement le meilleur. Cherchez à être meilleur chaque jour: aujourd'hui mieux qu'hier et demain mieux qu'aujourd'hui. Et aider les autres à être meilleurs. Darwin a appelé cette évolution. Peut-être pouvons-nous paraphraser Darwin et dire que pour survivre au 21e siècle, il est nécessaire d'évoluer pour échapper au darwinisme cognitif de l'ère numérique.

Francis Armando dos Santos Fuchs

Étudiant à la maîtrise du programme d'études supérieures en éducation de l'Université fédérale de São Paulo, membre du Groupe d'études et de recherche en culture et en éducation - UNIFESP et professeur du système scolaire privé.

CHAPITRE TROIS: INCLUSION SCOLAIRE ET EXPÉRIENCE DE FORMATION - RÉFLEXIONS SUR LES MODES D'ENSEIGNEMENT

> *"La réforme de la pensée signifie la réforme de l'éducation." - Edgar Morin*

Abstrait

Cette étude vise à mettre en évidence la relation entre l'inclusion scolaire et l'expérience formatrice à partir de la réflexion sur les modes d'enseignement. La relation entre l'éducation inclusive, les pratiques éducatives et les nouvelles méthodologies, l'enseignement productiviste et les façons d'enseigner dans le capitalisme tardif est tendue; mettant en évidence la semiformation comme une formation culturelle partielle qui est impossible pour la liberté et l'autonomie. À partir de l'enquête sur la recherche sur l'inclusion scolaire et sur la pratique pédagogique de l'enseignant, considérer l'éducation inclusive comme une possibilité non seulement d'inclure les différents, mais d'une éducation destinée à tous; enfin, nous indiquons le développement de l'individuation et de l'expérience qui sont importantes pour le processus d'enseignement-apprentissage, pour la constitution de soi,

Mots clés

Éducation inclusive; Expérience formatrice; Semiformation, façons d'enseigner.

Introduction

L'inclusion scolaire a été largement débattue au Brésil, soit en raison du processus de consolidation de l'éducation inclusive développé au cours des deux dernières décennies, soit en raison de cadres juridiques par le biais de lois et de règlements qui établissent un engagement à élaborer des mesures pour garantir le droit à l'éducation des enfants, adolescents et jeunes en situation d'inclusion; bien qu'elles restent complémentaires aux luttes et aux acquis du mouvement et ne garantissent pas nécessairement la mise en place d'actions quotidiennes pour l'inclusion scolaire. L'éducation inclusive est ainsi guidée par la recherche de l'inclusion de tous à la fois dans le processus d'enseignement-apprentissage, ainsi que dans la socialisation des individus dans le milieu scolaire, de sorte que, par l'expérience et l'identification à l'autre, la formation se développe à travers la contemplation de tous pour la différence.

Les données de recherche montrent que 47,9 millions d'élèves inscrits dans l'enseignement de base étaient inscrits en 2019, dont 48,1% dans le réseau municipal, 32,0% dans le réseau public, 19,1% dans le réseau privé et moins de 1% dans le réseau fédéral (INEP, 2019); le pourcentage d'élèves en situation de handicap, de troubles du développement global ou de hautes compétences inscrits dans les classes communes a progressivement augmenté, avec une proportion plus élevée au lycée, 98,9% des classes ont un élève en situation d'inclusion, et dans la petite enfance, avec une augmentation de 11,5 pp de 2014 à 2018 (INEP, 2018); malgré les progrès importants enregistrés au cours des quinze dernières années, environ 263 millions d'enfants et de jeunes, âgés de 6 à 17 ans, ne fréquentent toujours pas l'école, principalement en raison de facteurs de disparité entre les sexes et d'inégalités économiques,et linguistique, peuples autochtones et personnes ayant des besoins spéciaux et des handicaps (UNESCO, 2019).

En ce sens, le processus d'inclusion scolaire comporte deux étapes importantes auxquelles le Brésil a adhéré en tant que proposition: la Conférence mondiale sur l'éducation pour tous, un congrès qui s'est tenu à Jomtien, en 1990; et la Déclaration de Salamanque, document préparé à la Conférence mondiale sur l'éducation spéciale en 1994; le premier a établi un plan d'action pour répondre aux besoins d'apprentissage de base, évoluant vers l'accès universel à l'éducation par le droit à l'éducation pour tous; le second garantissait que l'éducation des personnes handicapées devenait partie intégrante du système éducatif. Ces deux mouvements marquent considérablement le système éducatif qui, depuis lors, a dû faire face à deux éléments importants: une éducation axée sur l'enseignement et l'apprentissage pour tous, à la fois en ce qui concerne les outils d'apprentissage, tels que la lecture, l'écriture, l'expression orale et la résolution de problèmes, ainsi que les contenus de base de l'apprentissage, tels que les connaissances, les compétences, les valeurs et les attitudes; et une scolarisation inclusive permettant à chacun de s'inscrire dans le système éducatif ordinaire, ce qui implique, en plus des politiques publiques et financières pour l'amélioration du système éducatif, telles que l'accessibilité, les infrastructures, le matériel didactique et les transports scolaires, la mise en œuvre de programmes éducatifs visant à différence et diversité.

Si, en raison des démarcations historiques, l'éducation spéciale et l'éducation inclusive ont suivi le même chemin du point de vue de l'éducation inclusive, en revanche, la distance a été limitée par la compréhension des pratiques didactiques-pédagogiques et des projets d'enseignement; tandis que l'éducation spéciale a repris l'accueil de certaines minorités en adaptant leurs structures et le processus d'enseignement-apprentissage aux étudiants au moyen de soins cliniques thérapeutiques, de tests psychométriques, d'enquêtes sur les diagnostics et les pratiques scolaires destinées aux étudiants handicapés, y compris l'éducation en tant qu'intégration, l'éducation inclusive a évolué dans le sens d'une évolution de la proposition d'une éducation pour tous, embrassant d'autres groupes de minorités sociales, pensant l'éducation de manière plus plurielle par l'inclusion (BOOTH; AINSCOW, 2002).

La National Curricular Base (BNCC) réaffirme à son tour l'objectif de l'éducation pour tous à travers des politiques éducatives qui prévoient que les écoles, à travers leur réalité locale et les secteurs de la société, défient l'éducation et les formes d'enseignement; afin que «chacun ait accès à une éducation de qualité, quels que soient le lieu et la condition sociale dans laquelle il vit» (BNCC, 2019, p. 7). Concernant les dimensions mises en évidence dans le BNCC, des questions sont posées sur l'apprentissage et la participation des élèves en situation d'inclusion et sur la manière dont le processus inclusif a été développé; ce qui implique la coopération non seulement des étudiants, mais des enseignants, des gestionnaires, des familles et des autres membres de la communauté. Sur la base de l'avis du Conseil national de l'éducation (CNE / CEB nº 7/2010) développé au cours des dernières décennies,

Nous mettons en évidence trois dimensions de l'éducation inclusive, également incluses dans le BNCC, qui indiquent la voie du développement inclusif, la participation de tous et le processus d'enseignement-apprentissage chez les écoliers (BOOTH; AINSCOW, 2002): la création de cultures inclusives, la production de politiques inclusives et développement de pratiques inclusives; l'ensemble de ces indicateurs contribuera à un examen détaillé de l'école et de sa relation avec l'inclusion. Si, d'une part, le BNCC (2019) établit les connaissances, les compétences et les capacités nécessaires au développement de l'éducation de base, il appartient à l'école, avec les enseignants, les élèves et la coordination pédagogique, de revoir les programmes et les projets politico-pédagogiques, revisitant également la voie pour raconter, vivre et socialiser.

La recherche (CROCHÍK et. Al., 2011) sur l'éducation inclusive et les relations avec les pairs souligne que vivre avec des élèves considérés par les écoles en situation d'inclusion, en plus de collaborer à l'apprentissage et au développement de tous, favorise la formation humaine inclusive et socialisation. Selon l'analyse, la coexistence de groupe constitue l'une des principales instances formatrices de l'individu et, à travers elle, les élèves commencent à s'insérer dans la totalité sociale, apprenant le respect, les règles et les normes de la vie collective. Lorsque l'école encourage et fournit un travail collectif et une coopération entre les élèves, elle réduit les obstacles et offre un apprentissage favorable à tous, de sorte que,

Dans cette même ligne, des recherches (MONTEIRO; CAS-

TRO, 1997) développées précédemment ont déjà mis en évidence les attentes liées aux élèves handicapés, et qu'il existe une disparité entre l'idéal imaginé et l'expérience réalisée en milieu scolaire, indiquant l'enseignant comme l'un des principaux agents du processus inclusif. Un autre (CASCO, 2007) souligne que l'exercice de l'autorité de l'enseignant a tendance à interférer dans la constitution des relations sociales qui ont lieu entre les élèves en raison du processus de personnalisation immanent à la relation pédagogique; le rôle central que l'enseignant joue, exprimé plus directement dans la transmission des connaissances, dans les inclinations affectives et dans les idées construites par les élèves, tend à suggérer l'acquisition de connaissances et la participation de l'élève, la standardisation des comportements et des relations sociales formées dans le domaine éducatif. Ainsi, l'autorité enseignante joue un rôle central dans le développement du processus d'inclusion et de lutte contre les formes de violence scolaire, étant donné que l'enseignant est le principal agent de référence des élèves, de participation aux activités et de relation entre eux. et se comporter devant le collectif.

Pourtant, une partie du thème de l'inclusion scolaire concerne les moyens de lutter contre la violence qui se manifeste dans le milieu scolaire, comprise par les manifestations physiques, verbales, psychologiques et institutionnelles contre les individus et / ou les groupes considérés en situation d'inclusion. Ceci est tissé et perpétué par les expressions et les formes de domination et de hiérarchie qui privilégient les groupes caractéristiques et les individus au détriment des autres et font que la domination elle-même supplante les conditions sociales et politiques en vue des satisfactions individuelles; exprimée plus directement par le maintien des hiérarchies scolaires et par des marques de régression psychique socialement insaturées, comme les préjugés et l'intimidation (CROCHÍK, 2011). Bien que la lutte contre les formes de violence ait tendance à être indiquée dans la recherche comme une proposition d'éducation inclusive,

Concernant les difficultés rencontrées dans le processus, la recherche (DIAS, ROSA, ANDRADE, 2015; CROCHÍK et. Al. 2011) sur les facteurs jugés nécessaires à la mise en œuvre de l'éducation inclusive met en évidence dans les réponses des enseignants: la formation initiale insuffisante, le manque de une formation spécialisée et un soutien technique dans les salles de classe, l'absence de formation continue qui fournit de nouvelles méthodologies pour développer le travail et les quelques opportunités de partage d'expériences et d'affection, car ils doivent prioriser le contenu à enseigner et les pratiques quotidiennes en classe. classe. Concernant la compréhension de la pratique pédagogique de l'enseignant face aux défis de l'inclusion, Nunes (2001) souligne que, contrairement à ce que les professionnels ont tendance à signaler sur l'origine formatrice, restreint et limité au domaine académique et insuffisant face aux défis du quotidien, l'enseignant doit être considéré comme un «mobilisateur des connaissances professionnelles» (NUNES, 2001, p. 27), étant donné qu'il construit et reconstruit des connaissances en fonction des besoins, des parcours de formation et expériences personnelles et professionnelles. Ainsi, la formation passerait non seulement par l'instrumentalisation des connaissances, ou par le contact avec la base théorique au niveau universitaire, mais par une relation théorie-pratique développée dans le domaine scolaire; nous ne négligeons pas ici l'importance des conditions matérielles dans le développement de l'éducation inclusive, ni l'importance des bases théoriques pour le renforcement et la direction des pratiques pédagogiques, mais la formation à l'expérience et à l'accueil des différents,

A partir de l'enquête sur la recherche sur l'inclusion scolaire et sur la pratique didactique-pédagogique, face à l'éducation inclusive comme possibilité non seulement d'inclusion des différents, mais d'une éducation à tous, cette étude vise à interroger la relation entre inclusion l'école et l'expérience formatrice de la réflexion sur les modes d'enseignement; la relation entre l'éducation inclusive, les pratiques éducatives et les nouvelles méthodologies, l'enseignement productiviste et les méthodes d'enseignement dans le capitalisme tardif est tendue.

Inclusion scolaire, pratiques éducatives et nouvelles méthodologies d'enseignement

Au cours des dernières décennies, le Brésil s'est développé dans le domaine de l'éducation en garantissant l'éducation pour tous, en élargissant l'accès à l'éducation de base, y compris les personnes handicapées dans l'enseignement ordinaire, en développant des indices d'évaluation visant à améliorer la réalité éducative et une éducation de qualité, en créant le fonds de maintien et de développement de l'éducation et en valorisant les professionnels de l'éducation, en encourageant la formation des enseignants et l'éducation pour l'éducation dans les communautés rurales, autochtones et riveraines, en plus des investissements dans les infrastructures scolaires et en encourageant l'utilisation de la technologie dans les écoles (MEC, 2014); bien que face au classement mondial, il persiste avec des résultats inférieurs à la moyenne mondiale définie (OCDE / PISA, 2018). Les indicateurs contextuels qui permettent de relier les performances des élèves aux variables éducatives, socio-économiques et démographiques indiquent la nécessité de convertir la réalité éducative brésilienne en surmontant l'enseignement basé sur des méthodologies obsolètes, de l'enseignement préscolaire précaire, du lycée aux examens d'entrée au collège et à la formation le marché du travail et le manque de ressources matérielles et technologiques. Face à un diagnostic bien connu, il est urgent d'investir davantage dans l'éducation. du lycée aux examens d'entrée à l'université et à la formation pour le marché du travail et le manque de ressources matérielles et technologiques. Face à un diagnostic bien connu, il est urgent d'investir davantage dans l'éducation. du lycée aux examens d'entrée à l'université et à la formation au marché du travail et au manque de moyens matériels et technologiques. Face à un diagnostic bien connu, il est urgent d'investir davantage dans l'éducation.

L'école a acquis, au fil du temps, un rôle important dans la formation et l'herméneutique réflexive des citoyens sociaux, soit à travers le processus de connaissance et de développement des connaissances, soit à travers les liens affectifs construits à partir des dynamiques relationnelles nées de la coexistence entre enseignants, étudiants, directeurs, équipe pédagogique et professionnels de l'éducation dans la routine scolaire; où, dans de nombreuses réalités, la lutte pour le droit à l'éducation submerge les besoins humains fondamentaux. En tant que poste, les défis dans le domaine de l'éducation sont également vastes en ce qui concerne le modèle actuel d'institution et les désirs présentés par les étudiants face à des méthodes d'apprentissage obsolètes, des pratiques d'enseignement traditionnelles sans place à la créativité, uniformes et inefficaces évaluations des performances, la transmission et la systématisation du contenu sans ouvrir de questionnement ni de nouvelles connaissances, sans tenir compte des connaissances antérieures des étudiants. Compte tenu des nombreux défis, nous nous concentrerons ici sur trois pratiques en rapport avec le thème de l'inclusion scolaire: le développement de nouvelles méthodologies pédagogiques, la mise en œuvre de nouvelles technologies dans l'éducation et le dépassement des formations destinées à l'examen d'entrée à l'université et au marché du travail .

puisque le «terrain sur lequel la technique gagne son pouvoir sur la société est le pouvoir que les plus forts économiquement ont sur la société» (ADORNO; HORKHEIMER, 2006, p. 100). Si, d'une part, l'application de la technologie à l'éducation s'inscrit comme une contribution à la reformulation d'un système éducatif dépassé, d'autre part elle a remplacé de nouvelles formes de domination et favorisé le vidage des expériences dans le domaine scolaire.

Des études montrent que la disponibilité de la technologie dans l'établissement scolaire ne présente pas de logique directe dans la transformation du système éducatif; des recherches (BRANDALISE, 2019) sur la politique éducative du Paraná axées sur la promotion de l'utilisation des technologies de l'information et de la communication (TIC) dans les écoles publiques publiques indiquent que la promotion d'une culture numérique à l'école tend à reproduire des pratiques homogènes, étant donné que les éducateurs a commencé à utiliser la technologie pour reproduire le même processus d'apprentissage possible sans elle, ne développant pas de nouvelles pratiques et des projets participatifs parmi les étudiants - tels que l'utilisation d'appareils pour projeter du contenu précédemment programmé et l'interdiction des tablettes et autres appareils mobiles dans les activités en groupe ou recherche à effectuer par les étudiants -; en ce qui concerne les faiblesses de l'infrastructure, la faible qualité des réseaux Internet, les appareils fournis et les conditions matérielles des salles de classe elles-mêmes sont signalées. L'analyse des résultats comprend la nécessité à la fois d'investir dans les infrastructures scolaires, pour un meilleur développement de la culture numérique, ainsi que de former les enseignants à intégrer les TIC dans les pratiques pédagogiques. Une autre étude (JOLY, 2002) étudie que si la technologie dans l'éducation reste une ressource stratégique visant une action pédagogique différenciée, l'utilisation des ordinateurs et d'Internet persiste comme des instruments secondaires face aux défis d'une éducation qui doit être associée à des aspects émotionnel et social, la nécessité de changements dans les actions éducatives, contrairement au monopole de la connaissance perpétué au cours des derniers siècles,

En ce sens, il nous semble que le problème ne consiste pas nécessairement dans l'incorporation des technologies de l'information et de la communication dans les pratiques pédagogiques, mais dans le potentiel, caractéristique de l'histoire du progrès humain, de la mise en place du contrôle par la technique, pour que la technique passe être l'essence du savoir et de l'humain est assuré par la soumission au domaine technique, en maintenant aussi longtemps que la «reconnaissance du pouvoir comme principe de toute relation» (ADORNO; HORKHEIMER, 2006, p. 21). La technologie comme mode de production et instrument d'organisation et de modification des relations humaines à travers la standardisation des comportements, ne progressant pas vers une réflexion critique et autonome de la pensée, mais subsistant à travers la transmission du pouvoir capital et l'exaltation des savoirs pratiques au détriment des savoirs théoriques réflexifs ,

La mise en place de nouvelles technologies dans le domaine de l'éducation comme autre moyen d'enseignement de la production, sans se soucier du développement didactique et pédagogique, catégorique à faire, assimile le processus d'apprentissage au transit des machines et des fast-foods, se tournant uniquement vers la productivité, fonctionnalité et efficacité (PUCCI; OLIVEIRA, 2007); par conséquent, il est nécessaire de revenir à la mémoire de l'expérience éducative en élaborant le passé afin de comprendre l'importance de son histoire, en résistant aux impositions ininterrompues du système par la distorsion du sens de l'éducation, en pesant le processus de formation non seulement pour son caractère cognitif, mais à travers des médiations d'ordre relationnel, affectif et social.

De même, une éducation axée uniquement sur la formation pour le marché du travail et l'examen d'entrée à l'université, un système qui n'est pas formatif car conditionnée par la concurrence et centrée sur le contenu des examens d'entrée à l'université, contribuera à l'établissement de la compétitivité et rivalité entre élèves, pour le manque d'éthique et de solidarité dans les relations avec les pairs, pour la dévaluation de la démocratie en milieu scolaire et pour le développement d'une éducation aliénante et déshumanisée par la mise en œuvre de pratiques méritocratiques qui favorisent les inégalités, les exclusions et la violence . Selon Marcuse (1982), la société dirigée commence à fonctionner en raison de l'impératif de la concurrence, où la productivité est de plus en plus une fin en soi, être hiérarchiquement divisé par les normes de performance et de compétences où l'ordre de fixer des objectifs et de développer la compétitivité sont considérés comme des mécanismes de formation de l'individu; idéologie d'un marché et d'une société de consommation. En cela, les prétentions totalitaires passent par le processus de colonisation des aspects de l'individualité humaine, les remplaçant selon les intérêts économiques; l'individu commence à établir ses pensées, ses principes et ses désirs par les mêmes éléments économiques et financiers et par la liberté réduite au simple choix du marché. les prétentions totalitaires traversent le processus de colonisation des aspects de l'individualité humaine, en les remplaçant selon les intérêts économiques; l'individu commence à établir ses pensées, ses principes et ses désirs par les mêmes éléments économiques et financiers et par la liberté réduite au simple choix du marché. les prétentions totalitaires traversent le processus de colonisation des aspects de l'individualité humaine, en les remplaçant selon les intérêts économiques; l'individu commence à établir ses pensées, ses principes et ses désirs par les mêmes éléments économiques et financiers et par la liberté réduite au simple choix du marché.

Si l'école en tant qu'intermédiaire de l'individu et de la société se place sous les mêmes éléments idéologiques que le capitalisme, de standardisation et de domination par l'économique, elle reproduira dans son cadre les mêmes hiérarchies sociales et / ou renforcera les hiérarchies qui lui sont déjà propres. pour le prototype de compétitivité, productivité et efficacité. En cela, les relations de pouvoir établies entre les individus, les groupes et les organisations reproduiront la même logique de division sociale où la domination du multiple commence à s'établir par la seigneurie de quelques-uns, même en recourant, à certains moments, aux moyens violents d'établissement du pouvoir. et rester; Ainsi, deux types de pouvoir se distinguent: l'un du domaine théorique et pratique des contenus, où l'appropriation des savoirs et des savoirs légitime son exercice;

La recherche d'un nivellement du rythme d'apprentissage par l'efficience, l'efficacité et la productivité de l'élève s'inscrit dans la mise en place de modèles de contentieux et de compétitivité typiques de la société administrée, qui ne contribuent pas nécessairement à l'inclusion des élèves dans le processus scolaire, puisqu'ils utilisent l'appareil l'instrumentalisation du processus éducatif et l'établissement de formes de contrôle, de domination et d'administration de l'école elle-même. A l'inverse (OLIVA, 2016; VELTRONE, 2008), les éléments qui tendent à contribuer à l'inclusion scolaire passent par la reconnaissance que, même avec les limites instrumentales, il est possible pour une bonne interaction de l'élève en situation d'inclusion avec les autres collègues, pour possibilité de développer l'enseignement de manière non compétitive, en mettant à disposition des matériaux adaptés qui ne se réduisent pas à des dessins ou des géométries, en développant le travail coopératif comme ressource d'apprentissage et de participation, dont chacun peut bénéficier, et en menant des activités visant à l'inclusion et à la valorisation de la diversité L'identification aux différents par la compréhension de la pluralité qui forme le tout social et scolaire, qui imprègne le pouvoir ou veut se mettre à la place de l'autre, n'est possible que par le mouvement établi à partir de conditions égales dans le traitement.

Dans cette perspective, une étude (SILVA, 2019) souligne la transposition didactique comme l'une des voies de développement de nouvelles méthodologies pédagogiques en éducation. Cela contribue au dialogue entre la théorie et la pratique, promeut l'étudiant en tant que partie centrale du processus d'enseignement-apprentissage, repositionnant la transmission des connaissances afin d'éveiller chez l'étudiant le sens et la pertinence des contenus socialisés le prenant, de la contact avec la connaissance, comprendre et interpréter le monde qui vous entoure. Les méthodologies actives ne se limitent donc pas à la seule utilisation de la technologie ou au dynamisme des classes, car elles peuvent également fournir une sorte d'exclusion et pas de participation du tout, mais à la possibilité de modifier le caractère permanent stagnant de l'éducation par des actions et des stratégies interdisciplinaires qui stimulent le rôle de l'étudiant, exprimée dans la construction collective des connaissances (KIM, 2018); la participation des élèves à la révision du curriculum scolaire, aux adaptations des projets politico-pédagogiques, à la reformulation des pratiques didactiques-pédagogiques et aux décisions sur les adaptations nécessaires à l'infrastructure contribue au changement de culture et de valeurs inclusives à l'école, brisant les barrières discrimination qui affecte la participation de chacun (BOOTH; AINSCOW, 2002).

Compte tenu de la mise en œuvre de nouvelles méthodologies et technologies dans le système éducatif, nous avons relevé les conditions matérielles comme limites, puisque la moitié des Brésiliens (54,4%) n'ont jamais utilisé d'ordinateur, moins de 20% ont l'équipement à la maison et seulement 14, 5% des ménages équipés d'ordinateurs sont connectés au réseau mondial (UNESCO, 2020); les conditions contextuelles, car tout le monde n'a pas les mêmes connaissances et compétences face à la technologie, en particulier les étudiants des classes sociales défavorisées; en plus des impossibilités structurelles d'adaptation et d'accessibilité qui empêchent les étudiants handicapés physiques et intellectuels d'être traités sur un pied d'égalité.

Inclusion scolaire et modes d'enseignement

En ce qui concerne les méthodes d'enseignement, nous n'avons pas l'intention ici d'énumérer les pratiques pédagogiques et / ou d'éventuels projets didactiques dans les salles de classe et les écoles, mais de réfléchir à l'importance que, dans la préparation et la planification de celles-ci, l'inclusion scolaire apparaisse comme une composante essentielle la voie vers le développement d'une éducation pour tous est possible; ce qui suppose non seulement le déploiement de connaissances logiques et formelles, bien que celles-ci ne doivent pas être annulées du processus, mais une éducation centrée sur l'humanisation, la socialisation et la démocratisation, une manière de faire face aux formes de violence, d'injustices et d'exclusions du processus école.

Les modes d'enseignement doivent donc envisager le développement de l'être dans ses dimensions humaines et sociales, afin que les élèves trouvent des espaces dans le contexte scolaire pour se former psychologiquement, émotionnellement et culturellement; ce qui impliquerait non seulement le développement des fonctions et des compétences de l'individu, mais aussi la subjectivité elle-même. L'école, dans cette logique, doit être pensée comme un phénomène social qui s'oppose aux formes narcissiques de l'individu, subsistant comme une influence et la possibilité de signifier la dimension du collectif; lorsque nous interposons des processus dits narcissiques, nous référons les satisfactions individuelles des instincts qui échappent et / ou renoncent aux influences des autres (FREUD, 2011). Le narcissisme se manifeste, à travers la théorie psychanalytique, dans les relations de l'individu avec la société, en évitant tout conflit mettant en question l'ego, voire en gênant la perception des souffrances existantes; exprimée dans la société gérée par la froideur, l'indifférence et la tentative de se renforcer au détriment des autres (CROCHÍK, 1999).

La constitution de la personnalité de l'individu est un produit de l'environnement social résultant de sa recherche d'adaptation dans le monde; bien que la personnalité se développe sous l'impact de l'environnement social, ce n'est pas un simple objet de l'environnement, ce qui expliquerait pourquoi les personnes dans la même situation ont des opinions et des comportements différents (ADORNO, 2019); sinon, la culture est celle qui assure la médiation, c'est celle qui donne des objets aux pulsions qui permet à l'individu de différencier et d'associer, délimitant ou non, les pulsions et les sentiments à canaliser pour qu'ils ne deviennent pas une contrainte à la destruction (FREUD, 2010). Dans cette perspective, l'école, en tant qu'instance critique et culturelle de la société, peut à la fois offrir aux individus des espaces propices à la formation et à l'élaboration d'instincts agressifs et primaires, montrer le chemin de l'expérience et de l'identification à l'autre, qui est égal en peurs, désirs, pulsions et affections, comment mettre en place des mécanismes d'adaptation à des relations rigidifiées, typiques du capitalisme tardif, à travers le prototype de l'efficacité, de la productivité et de la compétitivité, dans ces domaines , «Plus [l'individu] correspond à la réalité, plus il devient une chose» (ADORNO, 2015, p. 94). La réification des individus dans le processus éducatif empêche la possibilité d'expérience, le développement de la subjectivité et la construction d'une coexistence respectueuse, démocratique et juste. «Plus [l'individu] est adapté à la réalité, plus il devient une chose» (ADORNO, 2015, p. 94). La réification des individus dans le processus éducatif empêche la possibilité d'expérience, le développement de la subjectivité et la construction d'une coexistence respectueuse, démocratique et juste. «Plus [l'individu] est adapté à la réalité, plus il devient une chose» (ADORNO, 2015, p. 94). La réification des individus dans le processus éducatif empêche la possibilité d'expérience, le développement de la subjectivité et la construction d'une coexistence respectueuse, démocratique et juste.

En conséquence, comme le soulignent également d'autres auteurs (FREIRE, 2017; MORIN, 2011; JAPIASSU, 1976), la suprématie du savoir fragmenté, qui empêche le développement de l'apprentissage par les dimensions plurielles - sociale, affective, relationnelle, émancipatrice et autonome -, tend à renforcer les pédagogies productivistes. Héritier de la structure scolaire traditionnelle qui divise les connaissances en notes, matières et composantes curriculaires, accentuée par l'aménagement des espaces physiques des écoles, propice à la répétition des connaissances et inadaptée au développement de l'enseignement collaboratif, des relations sociales et de la formation humaine (LIMA; PINTO ; NASCIMENTO, 2010), nos étudiants parviennent rarement à relier les contenus de différentes disciplines entre eux et / ou à la réalité et au contexte actuel.

Face à une école productiviste, tous les espaces destinés à l'autonomie des élèves et à la réflexion critique sont remplacés par l'obligation de faire, avec la production comme fin en soi; comme dans le processus d'industrialisation, l'individu est réduit à une simple cellule de réaction fonctionnelle et l'enseignement est faussé par la reproductibilité mécanique, de sorte que de plus en plus d'étudiants se ressemblent, rendant impossible l'expression des différences ou de l'individuation, éteignant y compris les dimensions affectives et spirituelles de l'existence humaine; en cela, tous ceux identifiés comme improductifs, soit par des limites physiques et psychologiques, soit par des éléments comportementaux et d'apprentissage, seront considérés comme des ennemis du système (HORKHEIMER, 2015). Une formation déterminée par la réification des individus et le processus de reproduction matérielle persiste comme semi-formation, puisque les dimensions qui caractérisent l'existence individuelle - sa relation avec le temps, avec l'histoire, avec la mémoire et avec les expériences - deviennent déterminé par le mode de production dominant; s'exprime de façon plus directionnelle en soumettant les individus à la société administrée à une formation culturelle partielle impossible à la liberté ou à l'autonomie (ADORNO, 2006).

Les manières d'enseigner dans une perspective inclusive imprègnent ainsi le déni de la conception productiviste et techniciste de l'éducation et la mise en place d'espaces où chacun peut s'exprimer à travers les différences, où chaque individu par l'individualisation renforce l'ensemble; placer les valeurs au centre du processus de développement de l'enseignement, contribuer à l'auto-évaluation et aux stratégies d'amélioration de l'école, intégrer les travaux sur la citoyenneté communautaire et mondiale, la durabilité, les droits, la santé et les valeurs, aider à minimiser les obstacles à la violence et à l'exclusion , rendre l'école réceptive à la participation de tous et sensible à la diversité des partages, des intérêts, des expériences et des connaissances sont des moyens de construire des valeurs et une culture inclusive (BOOTH; AINSCOW, 2002). Le processus de différenciation et d'identification à l'autre, favorable au milieu scolaire, serait donc la possibilité de reprendre l'individuation et l'expérience; Benjamin (2019), rappelant la fable de Scot sur «The Old Vineyard», interpose l'importance de la transmission du savoir par l'expérience:

(...) fable du vieillard qui, sur son lit de mort, révèle à ses enfants qu'il y a un trésor caché dans sa vigne. Tout ce qu'ils avaient à faire était de creuser. Les enfants ont commencé à creuser, mais il n'y avait aucune ombre au trésor. À l'automne, cependant, le vignoble a récolté comme jamais auparavant dans la région. Et c'est alors que les enfants ont réalisé que leur père leur avait laissé une expérience: la bénédiction n'est pas en or, mais en travail (BENJAMIN, 2019, p. 85).

Le retour du philosophe aux éléments présents dans l'histoire de l'humanité, la préservation de l'expérience à travers des récits - à travers des proverbes, des contes, des légendes, des mythes - qui au cours des premiers siècles ont été préservés par la tradition orale, puis par la tradition écrite, dévoile la propre marque de notre temps: vider l'expérience, oublier l'histoire et dévaluer la littérature et l'art, comprendre le monde comme discontinu et fatidique. Le concept de connaissance serait directement lié au concept d'expérience et lié aux processus culturels, de sorte que la connaissance renvoie à la possibilité de réaliser une expérience reconnectée à la connaissance collective, qui à son tour se distingue des expériences vides de sens par l'abandon de traditions et connaissance du passé humain.

Le développement d'une désidentification permanente par la fragmentation, le scientisme, la productivité, l'excès d'informations et le vidage de l'expérience, au détriment des récits, de la mémoire, de la contemplation et de l'effacement de l'histoire, dévoile le propre projet de déni de l'individu. De cette façon, l'école a pour rôle de résister aux forces externes permanentes et de fournir aux individus les expériences qui leur sont refusées par la société à travers des pratiques d'auto-réflexion, des relations spontanées où les individus peuvent s'identifier à leur condition humaine, circonstancielle en raison des besoins, des peurs, l'angoisse et les frustrations, un espace où il est possible d'échouer, de perdre, de faire des erreurs, d'être différent et de reconnaître l'autre comme différent, où les façons d'enseigner forment à la conscience de soi, de l'autre et du monde.

Considérations finales

Dans la vie quotidienne de l'école, devant un élève «indiqué» comme bolivien, confronté aux défis de l'inclusion scolaire, des vulnérabilités, des lacunes et des tensions, en plus d'accentuer les différences, les interactions conflictuelles, les stéréotypes et les exclusions, les rapports des enseignants de la petite enfance d'essayer d'inclure:
«Les parents étrangers, ils veulent que leurs enfants puissent étudier. J'ai vu cela pour ma mère, que ma mère était espagnole et que nous étions petits, ma mère a fait un énorme effort pour que nous fassions tout ce qui est mignon, juste pour l'école »(FREITAS; SILVA, 2015, p. 698).

Compte tenu des interrogations sur les actions de formation, les soins spécialisés, une meilleure qualification, les plaintes concernant le manque de contenu spécifique et les lacunes de la première formation, nous avons soulevé dans cette étude l'importance de l'expérience et de l'individuation, présentes dans l'identification du professeur avec l'élève en situation d'inclusion, possible pour d'autres enseignants et élèves du milieu scolaire, soulignant que l'inclusion n'est possible que grâce à la participation de tous. N'ayant pas l'intention de ne pas tenir compte de la rareté des conditions matérielles présentes dans de nombreuses écoles, principalement dans la réalité des écoles publiques, cependant, comme développé, réfléchir à l'éducation inclusive, cela imprègne la recherche de l'inclusion de tous les deux dans le processus d'enseignement-apprentissage, comme dans la socialisation et la coexistence des individus dans le milieu scolaire, de sorte que,

Nous soulignons également que la coexistence de groupe constitue l'une des principales instances formatrices de l'individu et, à travers elle, les élèves commencent à s'insérer dans la totalité sociale, apprenant le respect, les règles et les normes de la vie collective. Cependant, si l'école, en tant qu'intermédiaire pour l'individu et la société, est guidée par les mêmes éléments idéologiques du capitalisme, de la standardisation et de la domination économique, elle reproduira dans sa portée les mêmes hiérarchies sociales et / ou renforcera les hiérarchies qui ont déjà ils conviennent au prototype de la compétitivité, de la productivité et de l'efficacité; délimité par Adorno (2006) comme une semi-formation, soumettant les individus à une formation culturelle partielle impossible à la liberté et à l'autonomie.

Nous soulignons également trois dimensions pour le développement de l'éducation inclusive soulignées dans les études, également incluses dans le BNCC, qui indiquent la voie du développement inclusif, la participation de tous et la maturation du processus d'enseignement-apprentissage: la création de cultures inclusives, la production de politiques inclusives et développement de pratiques inclusives. Une éducation centrée sur l'humanisation, la socialisation et la démocratisation, moyen de confronter les formes de violence, les injustices et les exclusions du processus scolaire, imprègne la possibilité d'expérience, d'individuation et de formation à la conscience de soi, de l'autre et du monde. Enfin, nous indiquons l'expérience comme un processus important pour le développement individuel et pour l'intégration et l'adaptation de l'individu à la communauté.

Là où la sociabilité perd son sens et les modes de relation sont réifiés par la société dirigée, l'inclusion scolaire peut être une possibilité d'éducation centrée sur l'expérience de l'autre, vivre avec les différents, reconnaître les limites, améliorer l'individu face aux contradictions sociales et exprimées dans notre société. Être conscient du réel, de l'historique et du politico-culturel, ne dispense pas le processus d'inclusion de la construction de connaissances logiques et formelles, ni des confrontations et tensions de la coexistence propre à l'environnement scolaire et à la réalité.

Références

ADORNO, Theodor W. Éducation et émancipation. Rio de Janeiro: Paix et Terre, 2006.

ADORNO, Theodor W. Essai sur la psychologie sociale et la psychanalyse. São Paulo: Editora Unesp, 2015.

ADORNO, Theodor W; HORKHEIMER, Dialectique Maximale des Lumières: fragments philosophiques. Rio de Janeiro: Zahar, 2006.

BENJAMIN, Walter. L'ange de l'histoire. Belo Horizonte: Éditeur authentique, 2019.

BOOTH, Tony; AINSCOW, Mel. Indice d'inclusion: développer l'apprentissage et la participation à l'école. Sintra / PT: Citoyens du monde, 2002.

BRANDALISE, Mary Ângela Teixeira. Technologies de l'information et de la communication dans les écoles publiques du Paraná: évaluation d'une politique éducative en action. L'éducation en revue, Belo Horizonte, vol. 35, p. 1-28, 2019. Disponible à: <https://www.scielo.br/pdf/edur/v35/1982-6621-edur-35-e206349.pdf>. Consulté le: 23 mai 2020.

CASCO, Ricardo. Autorité et formation: relations sociales en classe et dans la cour de récréation. Dissertation (Doctorat en éducation). Université pontificale de São Paulo, São Paulo, 2007. Disponible sur: <fichier: /// C: / Users / franc / OneDrive / Documents / article% 20-% 20authority% 20e% 20authorism / paty / Ricardo% 20Casco% 20_% 20autoridade.pdf>. Consulté le: 14 mai 2020.

CROCHÍK, José Leon. L'idéologie de la rationalité technologique et de la personnalité narcissique. Thèse (Enseignement gratuit). Institut de psychologie de l'Université de São Paulo, São Paulo, 1999. Disponible sur: <https://tese.usp.br/tese/disponiveis/livredocencia/47/tde-20042018-122043/publico//Cro-

chik_LD_1.pdf>. Consulté le: 02 juin. 2020.

CROCHÍK, José Leon. Préjugés et inclusion. WebMosaica, Porto Alegre, vol. 3, n. 1, p. 33-42, janv./juin., 2011. Disponible sur: <https://seer.ufrgs.br/webmosaica/article/view/22359/13016>. Consulté le: 2 mai. 2020.

CROCHÍK, et. Al. Analyse des attitudes des enseignants du primaire à l'égard de l'éducation inclusive. Éducation et recherche, São Paulo, vol. 37, n. 3, p. 565-582, 2018. Disponible sur: <https://www.scielo.br/scielo.php?script=sci_arttext&pid=S1517-97022011000300008>. Consulté le: 14 mai 2020.

CROCHÍK, par ex. Al. Hiérarchies scolaires: performances et popularité. Éducation et recherche, São Paulo, vol. 44, p. 1-15, 2018. Disponible à: <https://www.scielo.br/pdf/ep/v44/1517-9702-ep-S1678-4634201710167836.pdf>. Consulté le: 25 mai 2020.

DIAS, Marian Ávila de Lima; ROSA, Simone Conceição; ANDRADE, Ferreira Patrícia. Enseignants et éducation inclusive: identification des facteurs nécessaires à leur mise en œuvre. Psicologia USP, São Paulo, vol. 26, n. 3, p. 453-463, 2015. Disponible sur: <https://www.scielo.br/pdf/pusp/v26n3/1678-5177-pusp-26-03-00453.pdf>. Consulté le: 14 mai 2020.

FREUD, Sigmund. Malaise dans la civilisation, nouvelles conférences introductives sur la psychanalyse et autres textes (1930-1936). São Paulo: Companhia das Letras, 2010.

FREUD, Sigmund. Psychologie de masse et analyse de soi et d'autres textes (1920-1923). São Paulo: Companhia das Letras, 2011.

FREIRE, Paulo. Pédagogie de l'autonomie: connaissances nécessaires à la pratique pédagogique. Rio de Janeiro: Paix et Terre, 2017.

FREITAS, Marcos Cezar; SILVA. Ana Paula. Les enfants boliviens dans l'éducation de la petite enfance à São Paulo: adaptation, vulnérabilités et tensions. Cadernos de Pesquisa, São Paulo, v.45, n. 157, p. 680-702, juil / sep, 2015. Disponible sur: <https://www.scielo.br/scielo.php?pid=S0100-15742015000300680&script=sci_abstract&tlng=pt>. Consulté le: 02 juin. 2020.

HORKHEIMER, Eclipse de raison max. São Paulo: Editora Unesp, 2015.

INEP. Recensement de l'éducation de base 2019: résumé technique. Brasilia: Inep, 2020. Disponible sur: <http://portal.inep.gov.br/censo-escolar>. Consulté le: 14 mai 2020.

JAPIASSU, Hilton. Interdisciplinarité et pathologie des connaissances. Rio de Janeiro: Imago, 1976.

JOLY, Maria Cristina Rodrigues Azevedo (org.). La technologie dans l'enseignement: implications pour l'apprentissage. São Paulo: Casa do Psicólogo, 2002.

LIMA, Ana Maria Botelho de; PINTO, Elaine Sueli da Silva; NASCIMENTO, Renatha Cristina Fraga. Infrastructure scolaire et relation avec le processus d'apprentissage. Disponible sur: <http://www.webartigos.com/articles/42042/1/Infra- estrutura-escolar-e-arelacao-com-o-processo-de-aprendecimento / page1.html # ixzz1A7KILXlH>. Consulté le: 02 juin. 2020.

MARCUSE, Hébert. L'idéologie de la société industrielle: l'homme unidimensionnel. Rio de Janeiro: Zahar, 1982.

MINISTÈRE DE L'ÉDUCATION. Base commune du curriculum national: l'éducation est la base. Brasilia: MEC / CONSED / UNDIME, 2017. Disponible sur: <http://basenacionalcomum.mec.gov.br/images/BNCC_EI_EF_110518_versaofinal_site.pdf>. Consulté le: 14 mai 2020.

MINISTÈRE DE L'ÉDUCATION. Planifier la prochaine décennie:

connaître les 20 objectifs du Plan national d'éducation. Brasilia: MEC / SASE, 2014. Disponible à: <http://pne.mec.gov.br/images/pdf/pne_conhecendo_20_metas.pdf>. Consulté le: 23 mai 2020.

MORIN, Edgar. Les sept connaissances nécessaires à l'éducation du futur. São Paulo: Cortez; Brasilia: Unesco, 2011.

NUNES, Célia Maria Fernandes. Connaissances pédagogiques et formation des enseignants: un bref aperçu de la recherche brésilienne. Educação & Sociedade, Campinas, Vol. 22, n. 74, p.27-42, 2001. Disponible sur: <https://www.scielo.br/scielo.php?pid=S0101-73302001000100003&script=sci_abstract&tlng=pt>. Consulté le: 14 mai 2020.

OCDE / PISA. Résultats du PISA 2018. Disponible en: <https://www.oecd.org/pisa/publications/pisa-2018-results.htm>. Consulté le: 23 mai 2020.

OLIVA, Diana Villac. Obstacles et ressources à l'apprentissage et à la participation des élèves en situation d'inclusion. Psicologia USP, São Paulo, vol. 27, n. 3, p. 492-502, 2016. Disponible à: <https://www.scielo.br/pdf/pusp/v27n3/1678-5177-pusp-27-03-00492.pdf>. Consulté le: 25 mai 2020.

PUCCI, Bruno; OLIVEIRA, Newton Ramos. L'affaiblissement de l'expérience en classe. Pro-positions, Campinas, v. 18, n. 1, p. 41-50, janv. Avr. 2017. Disponible à: <https://www.fe.unicamp.br/pf-fe/publicacao/2400/52-dossie-puccib_etal.pdf>. Consulté le: 25 mai 2020.

SILVA, Valdir. Transpositions didactiques: enseignement à la portée de l'étudiant. Disponible en: <http://blog.singularidades.com.br/transposicoes-didaticas-o-ensino-ao-alcance-do-aluno/>. Consulté le: 25 mai 2020.

UNESCO. Accès aux nouvelles technologies: le Brésil vers l'inclusion. Disponible en: <https://unesdoc.unesco.org/ark:/48223/pf0000158502>. Consulté le: 25 mai 2020.

UNESCO. Déclaration de principes, politiques et pratiques de Salamanque pour les besoins éducatifs spéciaux, 1994. Disponible à l'adresse: <https://unesdoc.unesco.org/ark:/48223/pf0000139394>. Consulté le: 14 mai 2020.

UNESCO. Déclaration mondiale sur l'éducation pour tous: Plan d'action pour répondre aux besoins éducatifs de base, Jomtien, 1990. Disponible sur: <https://unesdoc.unesco.org/ark:/48223/pf0000086291_eng>. Consulté le: 14 mai 2020.

UNESCO. Manuel pour assurer l'inclusion et l'équité dans l'éducation. Brasilia: UNESCO, 2019. Disponible à: <file: /// C: /Users/franc/Downloads/370508por.pdf>. Consulté le: 14 mai 2020.

VELTRONE, Alice Aparecida. L'inclusion scolaire sous les yeux des élèves handicapés mentaux. Dissertation (Master en éducation). Centre for Education and Humanities, Université de São Carlos, São Carlos, 2008. Disponible sur: <https://repositorio.ufscar.br/bitstream/handle/ufscar/2990/1857.pdf?sequence=1>. Consulté le: 25 mai 2020.

KIM, LMV Méthodologies d'enseignement actives: construction subjective de la capacité de penser ses propres pensées en classe. Rev. Bras. Psychodrame, vol. 26, n. 1, p. 31-40, 2018.

Marcos Fernando Oliveira Mendes Bezerra

Diplômé en mathématiques par l'Université de la ville de São Paulo (UNICID) avec le titre de 1ère place dans l'exécution du cours (2017), il est professeur de mathématiques au Colégio Dom Bosco Mauá au lycée. Enseigné les mathématiques et la physique au Colégio Hélios pour le secondaire (2019); développé le matériel didactique, les cours en EAD, les formations et enseigné l'assemblage des structures avec le matériel K'nex, la logique de programmation en logiciel Scratch, le dessin et l'impression 3D en logiciel Sketchup for Fundamental II par le jeune ingénieur - robotique pédagogique, agissant en Colégio Agostiniano Mendel (2016-2019).

CHAPITRE QUATRE: LA FORMATION DES ENSEIGNANTS À SES DIFFÉRENTES PARTICULARITÉS À L'INTÉRIEUR ET À L'EXTÉRIEUR DE L'ÉCOLE DANS L'ESSOR DE L'ÉDUCATION 4.0

"Les mathématiques sont l'alphabet avec lequel Dieu a écrit l'Univers." - Galilée

Ma vie contribue

Chaque individu a vécu d'innombrables expériences depuis son existence, même pendant la grossesse. Il passe par l'enfance à vivre de bonnes et de mauvaises expériences. L'adolescence arrive et un tourbillon d'émotions surgit sans que nous nous invitions à faire partie de notre vie. Ensuite, vous arrivez à la vie adulte où tout tourne à l'envers et vous devez «garder votre posture» en tant qu'adulte. Mais comment toutes ces expériences peuvent-elles contribuer à la bonne formation d'un enseignant? Pourquoi toutes les techniques apprises dans les cours de premier cycle ne sont-elles pas suffisantes pour la réussite d'une classe ou même d'un établissement d'enseignement? Ce sont des questions que vous, l'enseignant, vous avez déjà posées ou vous poserez d'une manière ou d'une autre et une éventuelle «déception» vous dominera, car ce sont des questions sans réponses exactes.

Au cours du premier cycle, toutes les connaissances théoriques nécessaires sur chaque discipline sont acquises, des connaissances qui sont indéniablement importantes et seront transmises aux générations futures et qui contribueront à leur formation. Mais les questions mentionnées ci-dessus sont créées au sein de chaque individu parce que vous êtes diplômé en littérature, mathématiques, physique, histoire ou dans toute autre discipline, mais pas en enseignement. Oui! Jusqu'à aujourd'hui (21e siècle, 2020), la personne qui choisit le domaine de l'éducation, ne sera pas diplômée en enseignement, mais dans ses spécialisations telles que celles mentionnées. Les connaissances pédagogiques font défaut lorsque l'enseignant entre dans sa classe, maîtrisant toute la théorie de sa discipline, mais il ne sait pas commencer une classe. De qui est-ce la faute? De l'Université? De vos anciens professeurs?

En fait, il n'y a pas de «coupables» en soi, car l'enseignement des connaissances dans les universités n'est pas enseigné du fait qu'il s'agit de quelque chose qui se forme en fonction de leurs expériences jusque-là. Tout ce que vous, l'enseignant, avez vécu et expérimentez jusqu'à présent constitue votre note (appelons-la de cette façon) dans cette discipline très particulière et transcendante de la classe. Si vous êtes enseignant dans les premières années, élémentaire 2 ou lycée, vous avez appris de nombreuses théories sur l'enseignement, que ce soit par le biais de Pestalozzi, Piaget, Freire parmi tant d'autres qui ont contribué, contribuent et contribueront à l'éducation, en étant sa base.

Une pyramide est constituée d'une base où ces grands noms sont mentionnés, mais qu'en est-il du sommet? Qui est au sommet de la pyramide? Vous et vos élèves. Jusqu'au 20e siècle, nous avions en tête une structure de classe standard où les étudiants n'entendaient que des informations, des connaissances et ne faisaient pas partie de l'enseignement-apprentissage. La Connaissance de l'Enseignement entre en action à ce moment où la société exige des progrès et ses expériences formeront ce nouvel âge de l'éducation exigé partout dans le monde. Si vous trouvez difficile de préparer une classe où l'élève est également un acteur de l'apprentissage, cela n'est pas couvert par le fait que vous ayez obtenu votre diplôme de la «vieille école». Les neurosciences prouvent que certaines parties du cerveau ont la capacité d'assumer les fonctions des autres, lorsqu'elles sont blessées et perdent leur utilité. Chaque être humain a la capacité de se réinventer, d'apprendre à nouveau, de changer et d'accomplir des tâches qu'il ne pourrait jamais imaginer. L'éducation n'est pas différente, car c'est le domaine qui devrait le plus progresser, changer et renouveler les gens, la société, l'école, les théories et surtout les pratiques pédagogiques.

Vous avez sûrement entendu et, peut-être, vous avez déjà reproduit la phrase suivante: "C'est ainsi que j'ai appris et c'est ainsi que vous apprendrez". En ce qui concerne l'enseignement des connaissances, chaque élève apprend d'une manière différente, y compris vous! Réfléchissez à la situation suivante: «Vous, enseignant, proposez aux élèves de préparer un séminaire et de le présenter à la classe en groupe. Certains élèves réussiront très bien, mais d'autres non. Qu'est-ce qui a fait que cet élève n'a pas atteint la performance attendue? Est-ce le manque de connaissance du sujet abordé ou des expériences extrascolaires qui ont nui à leur performance? Le BNCC nécessite le développement de compétences et d'aptitudes dans chaque domaine de connaissance, mais sans tenir compte des connaissances au-delà de l'école vécues par l'individu. Avant de penser à l'enseignant diplômé, il faut penser à l'élève, à l'adulte, au jeune et même à l'enfant qui y vit. Quelles expériences apporte-t-elle avec elle dans ce voyage? L'enseignant dépend de l'élève vivant à l'intérieur, et quand je dis vivant, c'est parce qu'un enseignant ne se laisse jamais être un élève. En fait, nous avons maintenant des professeurs de 8, 9 et 10 ans!

Actuellement, des questions telles que "Comment les connaissances théoriques sont transformées en connaissances pratiques?" En ce moment, je me permets de réécrire cette question comme suit: "Comment pouvons-nous transformer nos expériences de vie, ajoutées à des connaissances spécifiques, en ressources pour l'enseignement et l'apprentissage?" Demander à un élève de refaire la table de multiplication 10 fois, il la mémorisera et n'apprendra pas réellement. Je dis généralement à mes élèves que tout ce que vous apprenez, vous ne l'oubliez jamais et ce que vous mémorisez, vous l'oubliez juste après le test. Les expériences quotidiennes appellent des changements, des rénovations et, au fil du temps, ce qui était innovant l'année dernière n'est plus cette année. Les étudiants n'acceptent plus les cours de discours, mais des cours pleins de défis et de propositions pour appliquer ces compétences et aptitudes dans la société dans laquelle il vit et peut-être que vous devriez vous demander en ce moment: «Comment vais-je comprendre les besoins de mon élève, si j'ai vécu et appris à une époque avec des coutumes et traditions différentes? Rappelez-vous les preuves en neurosciences mentionnées précédemment? Vous devriez probablement rencontrer un enfant de moins de 4 ans qui peut ouvrir l'application You Tube sur n'importe quel smartphone auquel il a accès et peut toujours accéder à Galinha Pintadinha sans difficultés majeures. Cet enfant a-t-il un cerveau différent du vôtre? si je vivais et apprenais à une époque avec des coutumes et des traditions différentes? Rappelez-vous les preuves en neurosciences mentionnées précédemment? Vous devriez probablement rencontrer un enfant de moins de 4 ans qui peut ouvrir l'application You Tube sur n'importe quel smartphone auquel il a accès et peut toujours accéder à Galinha Pintadinha sans difficultés majeures. Cet enfant a-t-il un cerveau différent du vôtre? si je vivais et apprenais à une époque avec des coutumes et des traditions différentes? Rappelez-vous les preuves en neurosciences mentionnées précédemment? Vous devriez probablement rencontrer un enfant de moins de 4 ans qui peut ouvrir l'application You Tube sur n'importe quel smartphone auquel il a accès et peut toujours accéder à Galinha Pintadinha sans difficultés majeures. Cet enfant a-t-il un cerveau différent du vôtre?

Je dis souvent que la seule différence entre mes élèves et moi est que j'ai d'abord appris les mathématiques qu'eux. Ils ont tous la capacité d'obtenir le même niveau de connaissances que le mien et plus encore. La formation des enseignants doit non seulement se concentrer sur les connaissances spécifiques de chaque domaine, mais montrer aux étudiants qu'ils ne sont pas et ne seront jamais porteurs de toutes les connaissances et il est normal qu'un jour ils aient besoin de dire à leurs étudiants: «Je Je ne sais pas ça, je vais chercher et apporter ce que je découvre. " Le savoir ne se concentre pas uniquement sur l'enseignant, mais sur tous les éléments qui composent une classe. L'élève, devenu le protagoniste de l'enseignement-apprentissage, enquête,

Les étudiants ont été requis pour une connaissance minimale de tous les domaines depuis des décennies. Pendant des décennies, les enseignants ont été chargés d'une connaissance approfondie de leur domaine spécifique. Les responsables pédagogiques sont accusés depuis des décennies d'avoir obtenu les meilleurs examens d'entrée, mais les meilleurs résultats seront-ils atteints si nous continuons à former uniquement des machines d'essai? Ou plutôt former des enseignants à cet effet? Le BNCC exige que ces compétences et aptitudes soient acquises, mais ne restreint pas les stratégies pour atteindre l'objectif. Il permet cette malléabilité dans laquelle il n'est pas présenté à la remise des diplômes, mais que tout le monde est capable de l'acquérir. Cette malléabilité fait partie des Connaissances pédagogiques, mais elle est toujours en théorie et il appartient à chaque professionnel de rechercher cette compétence, non requise au BNCC, mais à travers l'Éducation.

Les professeurs les plus présents dans la mémoire de mes élèves sont des professeurs de matières dans lesquelles je n'ai jamais très bien maîtrisé. Mais qu'est-ce qui me fait me souvenir d'eux? Vos histoires. Leurs expériences, appliquées avec des connaissances spécifiques, me les rappellent et les rendent spéciales dans ma trajectoire en tant qu'étudiant et, actuellement, en tant qu'enseignant. Jusque-là, il n'y a pas de «recette» sur la façon de commencer à enseigner les connaissances, car c'est quelque chose de particulier à chaque individu. Leurs histoires, leurs expériences, leurs expériences les rendront uniques. De bonnes expériences tout au long de votre carrière feront de vous un bon enseignant et de mauvaises expériences feront de vous un enseignant expérimenté, c'est tout. Chaque élève porte des rêves et des attentes, des peurs et des désirs, des désirs et des désirs et, surtout, ils sont des crayons à la page de leur vie.

L'enseignement des connaissances parle plus de l'individu que de ses connaissances. Cela ne signifie pas que l'accent doit être mis sur la narration de vos histoires en classe. Ce que je veux dire clairement, c'est qu'ils ont une grande importance derrière le Maître que vous êtes aujourd'hui. Si vous avez appris en voyant et en entendant uniquement, enseignez en montrant et en parlant également, mais incluez faire, écouter et partager dans ce processus. La formation actuelle des enseignants est davantage due à l'écoute qu'à la parole. Le BNCC propose de nombreuses activités de groupe pour ce partage en classe, mais le partage ne se fait pas seulement entre élèves. L'enseignant est un médiateur et non le seul et exclusivement porteur de connaissances, ce qui fait de lui un éternel étudiant. Il existe de nombreux programmes de formation continue, des projets d'enseignement-apprentissage, des cours de formation pour les enseignants,

Cela nous montre que la Connaissance Théorique n'est pas suffisante pour le succès d'une classe, de l'enseignant et des élèves. La connaissance de l'expérience doit gagner de l'espace, sans jamais annuler la fonctionnalité théorique. Les difficultés à l'intérieur de chaque pièce, de chaque école et de l'extérieur nous posent des défis inimaginables, et vous avez certainement affronté des «dragons», à l'intérieur ou à l'extérieur de vous, qui à une autre époque se trouveraient incapables. Voyez à quel point la capacité de l'individu à améliorer ses compétences, ses improvisations et souvent à «danser» sur les tempêtes est belle! En tant qu'enseignant, éducateur et gestionnaire, vous avez l'obligation de respecter strictement le BNCC, mais vous ne devez jamais oublier qu'avant d'acquérir des compétences et des compétences curriculaires, vous acquérez la confiance, le courage, la capacité de former un nouvel enseignant et un nouveau étudiant tous les jours.

L'enseignement et l'apprentissage vont au-delà de Pythagore et de Bhaskara. Cela va au-delà de Dom Pedro et Pedro A. Cabral. Cela va au-delà du tableau périodique et des solutions. Cela va également au-delà de la mécanique et de la relativité. Cela va au-delà de la syntaxe et des conjugaisons verbales. Cela va au-delà du sciage et de la caatinga. Il va au-delà de Platon et de Socrate et au-delà de la langue et de la littérature anglaise ou espagnole. Et surtout, cela va au-delà de l'élève-enseignant. Les technologies dominent pour les étudiants et la base de connaissances est dominante pour l'enseignant. Que diriez-vous de tout rassembler et de faire un nouvel enseignement-apprentissage? Essayez de façonner vos stratégies, vos habitudes, vos expériences. Demandez de l'aide, si nécessaire (et le sera probablement) aux «étudiants universitaires». Ils sont riches en connaissances tout comme vous, l'enseignant. Profitez-en pour voir le BNCC avec un nouveau look, pour voir l'école et la salle de classe d'une manière nouvelle. Profitez-en pour chercher, réapprendre autant de fois que nécessaire (il y en aura beaucoup, soyez sûr). Montrez aux élèves que la classe est un endroit cool pour être et vivre après tout, comme on dit, ils vivent à l'école!

Essayez de faire de l'école un lieu où non seulement ils apprennent, mais aussi enseignent! Chaque élève est très heureux et clair sur son visage lorsqu'il enseigne quelque chose de nouveau à l'enseignant qui va au-delà de l'argot et des jeux Playstation et Xbox. Cela les encouragera à chercher de plus en plus, les encourageant à enseigner à quiconque les enseigne. Bien sûr, cela ne prendra effet que si l'enseignant se permet une telle opportunité et a, principalement, de l'humilité. Je considère ce dernier comme l'un des éléments fondamentaux.

Qu'est-ce que «l'enseignant idéal» pour le 21e siècle? Celui qui a la volonté d'apprendre, soif de chercher le nouveau, soif de connaître de nouvelles routes, de nouvelles mers. Rencontrez le BNCC en utilisant vos expériences. Former des enseignants capables de baisser la garde si nécessaire et de réapprendre sans crainte. La salle de classe peut être un «terrain de jeu amusant» et c'est à chacun de nous, éducateurs, de laisser ces enfants éternels jouer dans l'univers de la connaissance. La salle de classe est une galaxie, avec des planètes en rotation et remplissant leurs fonctions respectives. Et nous, éducateurs, sommes-nous comme un corps céleste? J'affirme avec la plus grande certitude et fierté au monde que nous sommes le Soleil, avec la tâche de n'illuminer qu'avec une lumière appelée AMOUR.

Les élèves derrière un enseignant

Vous avez sûrement déjà dit ou pensé à la phrase suivante: "Si quelqu'un m'avait appris de cette façon, les choses seraient différentes". Ce questionnement s'inscrit dans tous les domaines de la connaissance, comme par exemple les tâches quotidiennes d'un foyer. Si vous êtes responsable des tâches ménagères de votre maison, vous avez déjà brûlé de la nourriture pour avoir oublié la casserole sur le feu, ou taché un vêtement pour avoir mélangé les nuances de couleurs au moment du lavage ou même les brûlé en repassant le fer chaud sur un imprimer et, si quelqu'un se plaint, vous dites haut et fort: "Si quelqu'un m'avait appris ..." ou "venez faire mieux ...". A partir de ces expériences, vous ne manquerez plus le temps du pot sur le feu, vous ne mélangerez pas les tons des vêtements et vous ne repasserez pas le fer dans certains motifs et c'est ce qu'on appelle l'EXPÉRIENCE. Mais si toutes ces «mauvaises» expériences vous ont fait modifier vos stratégies, pourquoi ne peuvent-elles pas s'appliquer à l'éducation? Ce sera le point de départ de notre réflexion.

Pendant des décennies, nous avons maintenu le même modèle d'enseignement, c'est-à-dire avec des classes de contenu où l'enseignant a toutes les connaissances et les étudiants sont les destinataires et rien de plus. Cependant, il n'y a eu aucun progrès dans l'enseignement-apprentissage depuis des décennies. Où est «l'échec» alors? Chez les étudiants? Enseignants? Ou, comme le dit le fameux «dicton pédagogique»: c'est la faute de la direction! Blague à part, nous posons des questions et il y a toute une gamme d'éducateurs déterminés à essayer de résoudre, à trouver des réponses pour eux. Je pense que de la part des enseignants, on pense que, comme ils sont déjà formés, ils n'ont plus besoin d'étudier et lorsqu'ils se trouvent dans l '«obligation» de mettre à profit leurs connaissances, il y a découragement et souvent abandon de l'enseignement. À l'Université, le futur enseignant est présenté avec toutes les techniques de ses matières spécifiques ou la portée de chacune d'entre elles au futur éducateur de l'éducation de la petite enfance et il n'est pas souligné que l'obtention du diplôme n'est que le début d'un grand voyage sans fin. Nous savons qu'il existe d'innombrables programmes de formation continue, des cours de troisième cycle, des masters et des doctorats, mais en classe, la formation continue a lieu tous les jours sans exception.

En raison du manque d'équilibre dans l'apprentissage des étudiants à travers le pays, la «Base nationale du curriculum national» du BNCC a été établie pour correspondre à l'apprentissage de tous les étudiants à travers le pays, que ce soit dans une institution publique ou privée. Cela nécessite des compétences et des aptitudes de chaque discipline spécifique de la petite enfance à la dernière année et au lycée, mais nous savons que la manière dont ces connaissances sont transmises ne fonctionne pas très bien et cela est prouvé par diverses données annuelles des organismes responsables. Pendant des décennies, il y a eu une absence d'élèves qui atteignent les compétences et aptitudes mathématiques requises par le BNCC et cela peut être vu à partir des connaissances de leurs parents sur les mathématiques, c'est-à-dire des personnes formées des premières années à la fin à la méthode du contenu. De nombreux parents exigent de leurs enfants qu'ils acquièrent les compétences et les capacités qu'ils n'ont pas atteintes eux-mêmes! Je le cite parce qu'ils étaient déjà étudiants de l'éducation de base ainsi que leurs enfants. Nous devons garder à l'esprit les adversités que chacun rencontre en dehors de l'école et ne doivent pas être ignorées, mais nous ne pouvons pas non plus insister sur ces questions et cesser de penser à de nouvelles stratégies pour la pratique de l'enseignement dans son ensemble. Pensez au nombre de domaines qui ont progressé au cours des 30 dernières années? Qu'est-ce qu'un SmartPhone il y a 15 ans? Pourquoi dans de nombreux domaines y a-t-il eu un bond de géant en cours et non dans l'éducation? La société exige fortement ce progrès, mais nous savons qu'il ne dépend pas seulement des agences gouvernementales, ni seulement des établissements d'enseignement qui, si innovants soient-ils, technologiquement, dépendent beaucoup de la formation de leurs collaborateurs. Je ne généralise pas, mais si vous avez 50 ans, vous avez probablement eu plus de facilité à acquérir des compétences pour travailler sur votre smartphone, sans compter le nombre de fois que vous avez dû enseigner à quelqu'un de plus âgé que le vôtre. Maintenant, si vous avez plus de 50 ans, vous avez probablement eu du mal à apprendre à travailler avec chaque fonction et sur les réseaux sociaux. Ce que je veux dire, c'est que, même avec des difficultés, vous avez réussi à les surmonter tous et avez appris, développé ces connaissances technologiques exigeantes dans le monde entier et aujourd'hui vous parlez à tout le monde sans grandes difficultés. La question est la suivante: si vous aviez cette capacité de façonner vos connaissances en fonction des avancées technologiques, pourquoi ne pas les façonner en fonction des avancées que l'éducation exige de chacun, y compris vous,

Le BNCC propose désormais, en plus des compétences et des capacités, des connaissances qui vont au-delà du portugais, des mathématiques et d'autres disciplines. Des domaines tels que la technologie et la culture numérique, le protagonisme des jeunes et le projet de vie ont été inclus. Parmi les trois domaines, le Projeto de Vida a retenu mon attention parmi les autres. La technologie et la culture numérique, à mon avis, sont un océan dans lequel les étudiants sont déjà plongés et ont sans aucun doute besoin de les développer de manière consciente et réfléchie pour leurs besoins réels et pour la société dans son ensemble. Le protagonisme des jeunes s'inscrit dans l'univers de l'éducation 4.0 et englobe les compétences et les aptitudes mises en avant dans l'autonomie, le partage et la recherche incessante de nouvelles connaissances. Mais qu'en est-il du projet de vie? De quoi s'agit-il vraiment? C'est un domaine qui a retenu mon attention et l'un de mes objectifs est de pouvoir l'enseigner un jour. Nous savons que, lors de l'entrée sur le marché du travail, un professionnel doit avoir la capacité de mettre de côté ses problèmes personnels, mais nous savons tous qu'il arrive que cette capacité devienne impossible. S'il y a ce défi sur le marché du travail, pensez-vous que dans une salle de classe il n'y en a pas?

Nous savons que la connaissance et la compréhension des différents problèmes émotionnels se sont progressivement développées et il y a ceux qui appellent la dépression la maladie du siècle. La dépression sera-t-elle discutée dans la discipline du projet de vie? Ne pas! Nous sommes des éducateurs et il y a des psychologues, des professionnels spécialisés pour traiter ce sujet. Nous ne traiterons pas les maladies émotionnelles en classe, mais les plans, les rêves, les objectifs, les chemins et de nombreux autres éléments applicables en ce qui concerne la vie de l'élève. Jusqu'ici, si vous posez la question à quelqu'un: "Quel est le rôle de l'école?", 98% répondront qu'il enseigne les matières de base (mathématiques, portugais, etc.), 1,5% répondra qu'il éduque et s'occuper des enfants et des jeunes (tâche à 99,99% de la responsabilité des parents) et 0,5% répondront que c'est pour guider les enfants et les jeunes dans leurs objectifs.

Si vous êtes un enseignant des premières années et avez quelques années d'expérience, vous avez probablement rencontré des situations où l'enfant rapporte avoir vu des situations à la maison, avec ses parents, ses frères et sœurs et vous a laissé sans réaction, sans réponses et le problème est encore plus grand quand cet enfant vous pose la question suivante: "Que dois-je faire, prof?" Si vous êtes enseignant au primaire, vous avez probablement rencontré des situations qui vous ont laissé la bouche ouverte. Et si vous êtes professeur de lycée, je ne vous poserai même pas la question, car je suis absolument sûr de votre réponse. Mais quel est le vrai rôle de cette nouvelle discipline?

Cette discipline travaillera sur des réflexions sur divers aspects de la vie d'un jeune, comme par exemple ses choix professionnels, ses difficultés d'apprentissage (en ce moment je ne veux pas savoir quelle est la difficulté de l'élève en trigonométrie!) Je veux savoir ce qui l'empêche de apprendre. Un futur musicien n'aura jamais le même désir d'apprendre la trigonométrie qu'un futur ingénieur! Il ne sera jamais logique d'apprendre la trigonométrie. Il est peu probable que quelqu'un qui a appris la table de multiplication en portant des tongs (ou toute autre punition similaire) trouve la beauté dans la science des nombres et aura un possible sentiment de colère contre cette discipline. Demandez à l'un de vos élèves ce qu'ils veulent faire lorsqu'ils quittent l'école et ils répondront aux professions respectives qu'ils souhaitent. Je prends la liberté de me donner comme exemple, parce que quand j'ai quitté le lycée, j'étais convaincu que j'allais étudier l'ingénierie, car c'était le domaine exact dans lequel j'avais toujours une certaine attirance. Sur le chemin de l'Université pour m'inscrire, j'ai changé d'avis d'une heure à l'autre et cela s'est reflété tout au long du cours, car il y avait du dégoût de la part de ma famille concernant mon choix. Chaque personne reflète le même problème différemment. Est-ce que quelqu'un d'autre resterait ferme dans la décision ou garderait le choix initial de «plaire» à sa famille, quels que soient ses rêves, ses souhaits et ses objectifs? parce que ma famille était repoussée par mon choix. Chaque personne reflète le même problème différemment. Quelqu'un d'autre resterait-il ferme dans la décision ou garderait-il le choix initial de «plaire» à sa famille, quels que soient ses rêves, ses souhaits et ses objectifs? parce que ma famille était repoussée par mon choix. Chaque personne reflète le même problème différemment. Quelqu'un d'autre resterait-il ferme dans la décision ou garderait-il le choix initial de «plaire» à sa famille, quels que soient ses rêves, ses souhaits et ses objectifs?

Ce type de planification, ou mieux, ce type de discussion

se fera dans les classes de conception de la vie. Il n'y aura pas de tests, d'évaluations (à proprement parler), car nous traiterons des questions personnelles et sans réponses exactes. MEC a fourni un plan où le thème du premier cours était: «Qui suis-je?». Vous, l'enseignant, regardez dans le miroir et posez-vous cette question. Si vous travaillez sur ce sujet avec des étudiants, l'une des premières réponses à venir est: "Je suis un tel" et, si c'est moi qui enseigne cette classe, je répondrai: "Je ne veux pas connaître votre nom, je veux savoir qui vous êtes!". Voyez-vous à quel point une question complexe peut devenir si simple à poser? Dans ces cours, vous devez être prêt à tout type de situation, car il y a ceux qui vont répondre avec un nom bref et il y a ceux qui décolleront tous les problèmes, expériences, difficultés, désirs qui font d'eux ce qu'ils sont. À ce stade, vous devez penser que c'est une idée fantastique ou que ce sera le chaos, après tout, vous avez également vos expériences et vous ne savez peut-être pas comment gérer les réponses possibles des élèves. Détail important: je n'ai mentionné que le premier thème proposé par MEC.

Il y a beaucoup de travail à faire dans le nouveau BNCC, car en plus de ces innovations, le travail à temps plein est déjà fait dans de nombreuses écoles. Malheureusement, certains parents considèrent que l'éducation intégrale n'est bénéfique que dans la mesure où ils «s'occupent» de leurs enfants toute la journée. Mais quels sont les véritables objectifs de l'éducation intégrale? Occupe-t-on des temps morts chez les enfants et les jeunes? De l'avis de certains, il s'agit de donner plus de travail aux enseignants. Oui! Certaines personnes le pensent. Le plus gros problème est lorsque l'enseignant pense de cette façon, car malheureusement et je le répète, malheureusement, il y a des enseignants qui considèrent la formation continue comme un fardeau à porter pour le reste de leur vie ou même pour la retraite. Je me permets d'exprimer mon opinion, mais à mon avis, quiconque le pense dans la réalité actuelle de la société, est dans la mauvaise profession. Et là-bas, s'il y avait eu le projet de discipline de vie dans la pratique, peut-être que l'enseignant aurait fait un choix différent ou avait une orientation des défis qu'il rencontrerait dans un métier si sublime! On sait qu'être enseignant au début du siècle dernier était une profession reconnue, uniquement d'un point de vue social. Peu importait que mes élèves apprennent, que je sois pleinement qualifié pour cette tâche. J'ai des connaissances techniques et c'est suffisant. Actuellement (2020), malheureusement, et je le répète en majuscules, malheureusement le cours de pédagogie est l'un des moins chers du marché. En dépit d'être une triste réalité, c'est une énorme opportunité pour ceux qui veulent plonger dans cette mer d'Education et surfer loin, contribuant de la meilleure façon à l'amélioration et au progrès de ce domaine. Selon RAMOS (2019), peut-être que ce professeur aurait fait un choix différent ou avait une orientation des défis qu'il trouverait dans ce métier sublime! On sait qu'être enseignant au début du siècle dernier était une profession reconnue, uniquement d'un point de vue social. Peu importait que mes élèves apprennent, que je sois pleinement qualifié pour cette tâche. J'ai des connaissances techniques et c'est suffisant. Actuellement (2020), malheureusement, et je le répète en majuscules, malheureusement le cours de pédagogie est l'un des moins chers du marché. En dépit d'être une triste réalité, c'est une opportunité gigantesque pour ceux qui veulent plonger dans cette mer d'Education et surfer loin, contribuant de la meilleure façon à l'amélioration et au progrès de ce domaine. Selon RAMOS (2019), peut-être que ce professeur aurait fait un choix différent ou avait une orientation des défis qu'il trouverait dans ce métier sublime! On sait qu'être enseignant au début du siècle dernier était une profession reconnue, uniquement d'un point de vue social. Peu importait que mes élèves apprennent, que je sois pleinement qualifié pour cette tâche. J'ai des connaissances techniques et c'est suffisant. Actuellement (2020), malheureusement, et je le répète en majuscules, malheureusement le cours de pédagogie est l'un des moins chers du marché. En dépit d'être une triste réalité, c'est une opportunité gigantesque pour ceux qui veulent plonger dans cette mer d'Éducation et surfer loin, contribuant de la meilleure façon à l'amélioration et au progrès de ce domaine. Selon RAMOS (2019),

> *Le concept d'éducation intégrale a pour objectif principal de former les étudiants à l'autonomie, afin qu'ils puissent prendre des décisions éclairées en fonction de ce qu'ils sont et de ce qu'ils veulent pour leur vie, compte tenu de leur plein développement. La formation à l'autonomie comprend le développement intentionnel d'un ensemble de compétences cognitives et socio-émotionnelles, telles que: la connaissance de soi, la collaboration, la communication, la créativité, la pensée critique, entre autres.*
>
> *En outre, un ensemble de méthodologies d'intégration sont incorporées dans le processus d'enseignement-apprentissage, telles que l'éducation par projet, l'apprentissage collaboratif, les outils multiples et une salle de classe inversée. [...] (apud BNCC, 2019, p. 48).*

Avec ce concept, l'idée est brisée que l'éducation intégrale va au-delà de la prise en charge des étudiants toute la journée, elle va au-delà de l'application de cours de technologie pour «endoctriner» les étudiants à l'industrie (oui! Certains le pensent). C'est une opportunité et je me permets de dire que nous seuls avons une possible avancée dans l'éducation.

Nous parlons de l'élève, de l'école, des parents et du BNCC, mais le protagoniste de notre réflexion entre en scène à ce moment: l'enseignant. Oui, nous parlons de lui, mais pas avec l'accent que je veux mettre. L'école peut être innovante, technologiquement parlant, les élèves peuvent être motivés et engagés dans le nouveau BNCC, mais si l'enseignant n'est pas préparé, rien ne coulera. Mais comment se préparer à une Education 4.0 si vous êtes diplômé dans une méthode de contenu? Il n'y a qu'un seul outil en particulier et principal: la bonne volonté. Oui, des ressources provenant de projets de formation continue, d'organismes éducatifs tels que les universités, des cours de vulgarisation, entre autres, sont nécessaires, mais la bonne volonté est toujours l'outil essentiel pour la maîtrise d'un enseignant dans une salle de classe au 21e siècle. Nous devons investir dans la technologie, mais beaucoup plus dans l'engagement, discipliner et voir au-delà des disciplines enseignées en classe. Avant d'enseigner les mathématiques, vous expliquez pourquoi vous devriez apprendre les mathématiques.

Un concept de base et classique enseigné dans les dernières années (9e année) est le théorème de Pythagore affirmant que le carré de l'hypoténuse est égal à la somme des carrés des deux autres côtés. Si vous n'êtes pas dans la zone exacte, ne vous inquiétez pas de comprendre ce théorème. Ce que je veux proposer est un reflet de la nature suivante: Quoi de plus ludique du point de vue pédagogique? Écrivez le théorème sur le tableau noir et faites-le décorer ou demandez-leur d'acheter des cartons et de découper 3 carrés avec des côtés mesurant respectivement 30, 40 et 50 cm. Ensuite, demandez-leur de placer les deux petits carrés sur le plus grand carré et de le remplir sans carton sur les bords? Nous pouvons travailler avec des situations quotidiennes comme les terrains de football et vous pouvez interagir en parlant d'équipes (de manière impartiale, si vous ne voulez pas faire des enfants ennemis).

Parler, dialoguer, interroger des collègues sur de nouvelles méthodologies d'enseignement-apprentissage ne vous rendra pas moins professionnel. Au contraire, un chercheur professionnel le fera, cherchant toujours à améliorer, apprendre, enrichir son expérience à travers l'expérience de ses collègues professionnels. Nous savons qu'aujourd'hui un enfant ne peut se limiter à savoir lire et écrire. Elle a besoin de grandir en sachant lire, écrire, taper, cliquer, enregistrer des informations et surtout RECHERCHER. Un enfant qui grandit en sachant utiliser Google correctement, consciencieusement et sous surveillance, sera un adolescent critique et un adulte conscient de ses choix, de ses objectifs et de ses rêves. Nous reparlons du projet de vie, après tout c'est un projet sans fin. Il commence à l'école sous la direction des enseignants et suivra un cours sous la direction de l'élève lui-même au cours de sa trajectoire hors des murs de l'école. Et qui seront les professionnels chargés d'enseigner ces cours? Vous! Selon le MEC, il n'y a pas de formation spécifique dans cette discipline, c'est-à-dire que toute personne qui a des peurs, des angoisses, des rêves, des vertus, des désirs et, bien sûr, un diplôme complet dans n'importe quel domaine de la connaissance, peut enseigner des cours de design de vie.

J'ai une licence depuis 3 ans et je n'ai pas suivi de cours au nouveau format BNCC. J'apprends quotidiennement comment cesser d'être un enseignant de contenu et devenir un enseignant réfléchi et faire tout mon possible pour faire de mes élèves des personnes réfléchies. Je ne peux pas manquer d'enseigner et d'appliquer le contenu mathématique requis par le BNCC en compétences et capacités, mais je peux changer de stratégie et avec des erreurs, apprendre et innover de plus en plus. Votre école peut ne pas proposer la structure nécessaire pour que vous puissiez travailler avec vos élèves sur le nouveau BNCC, mais l'enseignement et l'apprentissage sont flexibles et c'est à vous, l'enseignant, de faire cette flexibilité avec le contenu. Les universités doivent modifier leurs structures, leurs plans et, si nécessaire, investir dans la formation continue des enseignants eux-mêmes qui composent la classe des cours de premier cycle.

Il est nécessaire que tous les professionnels du domaine de l'éducation dans son ensemble, se rendent compte que la salle de classe est le seul domaine qui ne disparaîtra jamais de la société. Les professions qui étaient fortes sur le marché depuis 30 ans, ont été éteintes comme, par exemple, les journalistes (les professionnels qui livraient des journaux de chez eux) et cette extinction s'est produite en raison des progrès technologiques, c'est-à-dire que les informations ont un accès gratuit par Google à partir de n'importe quel SmartPhone en temps réel. S'il y a des villes qui ont encore ce service, elles sont rares et leurs jours sont comptés. Mais l'éducation est différente! Tout va innover, changer, échanger, mais ça ne cessera jamais d'exister! Cette vieille histoire qu'un robot peut remplacer un enseignant est une idée très limitée. Une machine peut savoir calculer n'importe quoi et ce que nous savons déjà.

Seul quelqu'un qui a des sentiments peut le servir et un robot ne peut jamais avoir des vertus que seul un être humain possède. Si vous avez du mal à réapprendre à devenir un éducateur du 21e siècle, ne vous inquiétez pas! Fermez les yeux à certains moments et rappelez-vous les moments où vous avez dit que vous ne pouviez pas supporter de telles difficultés dans l'obtention du diplôme, essayez de vous souvenir des nuits de sommeil perdues, des emplois, des activités, parfois que vous avez abandonné d'innombrables désirs pour vous consacrer à ce degré. Vous souvenez-vous de la difficulté de ces moments? Ils sont restés là-bas, se souvenant d'une étape difficile mais infructueuse. Pourquoi craindre à ce stade que nous ayons tant besoin de vous, professeur?

Les étudiants ont besoin de votre bonne volonté, de votre compétence, de votre capacité à vous améliorer personnellement et professionnellement. L'école a besoin de votre altruisme et le monde vous demande de tendre la main à ces enfants et à ces jeunes. Avez-vous des difficultés à travailler avec un ordinateur? Prenez 30 minutes par jour pour comprendre cette machine fondamentale dans notre travail. Vous avez des difficultés à comprendre les exigences du nouveau BNCC? Lis le! Il est accessible à tous. Ce que vous ne pouvez pas faire pour le moment, c'est renoncer à une tâche si essentielle à tout le monde à cause des difficultés rencontrées dans la vie quotidienne. Quand un de mes étudiants dit qu'il veut poursuivre une carrière d'enseignant, je dis: «J'ai de bonnes et de mauvaises nouvelles pour vous. La mauvaise chose est que vous n'arrêterez jamais d'étudier et la bonne chose est que vous n'arrêterez jamais d'apprendre ».

Le BNCC nécessite d'innombrables compétences, aptitudes et connaissances de la part de l'enseignant, mais essayez de revoir les concepts selon lesquels un tableau noir, des formules et des exercices suffisent. Les élèves doivent trouver un sens à tout ce qu'ils font, parler, écouter et, surtout, donner un sens à ce qu'ils vivent. L'école est leur expérience quotidienne pendant de longues et longues années et pourquoi ne pas profiter de ce moment pour en tirer le meilleur? Peut-être que certains travaillent dur dans le sens de la discipline, mais cela n'annule pas les compétences, les capacités qu'ils ont d'acquérir des connaissances et soyons honnêtes d'enseignant à enseignant: Il y a des jours où nous ne pouvons pas nous tenir!

Essayons de les voir avec un regard plus fraternel, disons ça. Ce sont des jeunes qui ont besoin d'un nord que, souvent, à la maison, ils n'ont pas à cause de la structure familiale en difficulté et à l'école ils essaient de combler cet espace vacant. Je pense que l'éducation va au-delà de l'enseignement des mathématiques, une science dont je tombe amoureux chaque jour qui passe. Ils ont besoin d'apprendre à calculer des superficies, des périmètres, des volumes, des mesures, mais ils ont un besoin urgent de mesurer les conséquences, de calculer les potentialités, de déchiffrer les opérations de la vie! L'enseignant doit reprendre le statut d'élève tous les jours et réapprendre chaque minute, pour prendre des décisions qui augmentent son estime de soi et montrent son importance dans la vie de millions de personnes. À quel point il est important que l'étudiant se souvienne de lui lorsqu'il vous examine après 10 ans et se souvient de votre nom. Nous enseignants nous avons une importance inimaginable dans la vie de chacun d'entre eux et, si nous avons toute cette importance, pourquoi ne pas commencer le projet de vie maintenant? Pourquoi ne pas lire le nouveau BNCC et chercher de nouvelles stratégies maintenant? Pourquoi ne pas envoyer un message à votre collègue bien parlé à l'école et lui demander ce qu'il fait pour rendre les cours si intéressants pour les élèves? L'ancien BNCC vous oblige à enseigner les compétences et les capacités de chaque discipline et le nouveau BNCC vous oblige à en apprendre davantage sur la vie et ses diverses particularités que seul un être humain peut comprendre. pourquoi ne pas commencer le projet de vie maintenant? Pourquoi ne pas lire le nouveau BNCC et chercher de nouvelles stratégies maintenant? Pourquoi ne pas envoyer un message à votre collègue bien parlé à l'école et lui demander ce qu'il fait pour rendre les cours si intéressants pour les élèves? L'ancien BNCC vous oblige à enseigner les compétences et les capacités de chaque discipline et le nouveau BNCC vous oblige à en apprendre davantage sur la vie et ses diverses particularités que seul un être humain peut comprendre. pourquoi ne pas commencer le projet de vie maintenant? Pourquoi ne pas lire le nouveau BNCC et chercher de nouvelles stratégies maintenant? Pourquoi ne pas envoyer un message à votre collègue bien parlé à l'école et lui demander ce qu'il fait pour rendre les cours si intéressants pour les élèves? L'ancien BNCC vous oblige à enseigner les compétences et les capacités de chaque discipline et le nouveau BNCC vous oblige à en apprendre davantage sur la vie et ses diverses particularités que seul un être humain peut comprendre.

L'évaluation comme levier pédagogique

Le temps le plus redouté pour 90% des étudiants est la semaine des examens, où ils doivent exposer dans un document officiel les compétences et capacités acquises au cours de cette période de deux mois ou de toute autre période d'évaluation déterminée par chaque établissement d'enseignement. Pour les élèves, l'évaluation a un seul objectif: les échouer ou donner à leurs parents une raison de les punir en récupérant des téléphones portables, des jeux vidéo et d'autres méthodes correctives. Seuls ceux qui sont engagés dans un établissement d'enseignement connaissent les fonctions réelles de chaque évaluation ou du moins devraient le savoir. J'ai généralement une conversation avec mes étudiants pendant les semaines d'examen pour essayer de soulager une partie de la tension causée et montrer que l'évaluation a une seule fonction: montrer où ils doivent s'améliorer et me montrer où je devrais reprendre le contenu plus attentivement. Si vous, professeur, n'a pas eu cette expérience avec vos élèves, tenez une conversation avec eux et demandez ce qui les afflige tant au cours des semaines d'évaluations. Les réponses varient d'un étudiant à l'autre. Il y a ceux qui répondront de peur d'être punis par leurs parents ou d'être "rétrogradés" à d'autres étudiants, et il y en a qui répondront qu'ils ne veulent pas rester invisibles à la société. J'ai déjà vu un élève entrer dans la salle de classe pleurer compulsivement parce qu'il n'avait pas obtenu une note de 10 dans l'évaluation de la langue portugaise et, à ma grande surprise, la réponse la plus choquante a été la question de la note obtenue: 9.0. Est-ce là le véritable objectif des évaluations effectuées par les établissements d'enseignement ou par les organismes compétents responsables des données nationales? C'est à partir de ce point,

Depuis 2017, la BNCC "National Common Curricular Base" propose des compétences et des savoir-faire que chaque élève doit acquérir au cours de sa vie scolaire, afin de faire de lui un citoyen ayant les connaissances minimales pour suivre le monde dans son ensemble, mais nous savons que Bien que la salle de classe soit le «vaisseau amiral» d'une école, il y a des questions importantes à discuter en interne pour la fluidité efficace de toute l'équipe de l'école et pour atteindre les objectifs plus efficacement. Chaque État choisit les lignes directrices du curriculum à suivre, servant toujours la société et le BNCC en parallèle. L'analyse et l'étude détaillée du curriculum du réseau sont d'une importance capitale, car ils doivent établir son application en fonction des besoins de la population de chaque région. Il est plus logique, du point de vue pédagogique, travailler des statistiques avec des données sur le bétail avec un étudiant dans la capitale Paulista ou à l'intérieur du Minas Gerais? Tous deux acquerront les mêmes compétences et aptitudes requises par le BNCC, mais à travers des cursus adaptés en fonction de leurs réalités quotidiennes. La réflexion sur les modes d'enseignement devrait faire partie de l'assemblage de ce curriculum. Un étudiant autiste peut ne pas développer de compétences en calcul algébrique, mais peut avoir une pensée géométrique spatiale beaucoup plus avancée, même de la part de l'enseignant lui-même. Voyez-vous l'importance de discuter du curriculum à adopter dans chaque institution, région et réalité quotidienne? La réflexion sur les modes d'enseignement devrait faire partie de l'assemblage de ce curriculum. Un étudiant autiste peut ne pas développer de compétences en calcul algébrique, mais peut avoir une pensée géométrique spatiale beaucoup plus avancée, même de la part de l'enseignant lui-même. Voyez-vous l'importance de discuter du curriculum à adopter dans chaque institution, région et réalité quotidienne? La réflexion sur les modes d'enseignement devrait faire partie de l'assemblage de ce curriculum. Un étudiant autiste peut ne pas développer de compétences en calcul algébrique, mais peut avoir une pensée géométrique spatiale beaucoup plus avancée, même de la part de l'enseignant lui-même. Voyez-vous l'importance de discuter du curriculum à adopter dans chaque institution, région et réalité quotidienne?

Les évaluations doivent suivre les réalités de chaque population et les besoins de chaque élève, individuellement. L'enseignement-apprentissage ne se limite pas à remplir une liste! Il s'agit plus d'expérience que de technique elle-même. Alors, qu'est-ce qui vous empêche d'adapter votre classe aux besoins de chaque individu? Après tout, vous, l'enseignant, êtes inséré dans la même société (peut-être avec une culture différente, ce qui ne vous empêche pas de vous diversifier). Le nouveau BNCC nous apporte l'importance de l'interdisciplinarité comme outil essentiel, après tout les étudiants travaillent la proportionnalité en géographie à travers les échelles terrestres, sans réaliser cette union entre les disciplines. Pensez à votre discipline et à celle de votre collègue. Oui! Il y a la possibilité de cette interdisciplinarité. Cette union doit être établie dans la formation du projet politico-pédagogique, fréquenter le BNCC et le cursus établi par le réseau de votre région. Vous devez vous demander: "Par où commencer?" Commencez par diagnostiquer et analyser les indicateurs sociaux et éducatifs, c'est-à-dire quels sont les besoins de la population où vous enseignez? Quels sont les besoins des étudiants? Châtiment? Peut-être! Mais pas seulement ça. Avec cette analyse, vous, l'enseignant, pouvez réfléchir à l'endroit où vous devez changer, aux stratégies que vous avez utilisées et qui n'ont pas fonctionné, etc. Ces évaluations obligatoires sur le territoire national ont cette fonction! Montrez-vous, le professeur, le point de départ de certains changements. Nous parlerons de ces évaluations dans les prochains paragraphes. Le dialogue avec tout le monde autour de vous dans l'institution dont vous faites partie fait toute la différence, car le partage des connaissances et des expériences est toujours enrichissant pour les deux.

Un autre aspect important est la planification, car elle permet de communiquer et de partager les connaissances et les expériences avec les enseignants de l'ensemble du réseau dans lequel vous faites partie. La stratégie utilisée en classe ou la méthode d'évaluation adoptée par le collègue à des kilomètres de distance, vous permet de vous aider si vous ne trouvez pas de «solutions» à d'éventuels problèmes en classe, dont nous savons qu'ils sont nombreux. Ce partage des connaissances ne doit pas nécessairement avoir lieu uniquement entre professionnels de l'éducation. Pourquoi ne pas avoir une conversation entre enseignants et psychologues? Avez-vous peur que cette conversation s'arrête dans un hôpital psychiatrique? Quel plaisir d'étudier l'éducation sans bonne humeur, non? Il existe de nombreuses stratégies disponibles, des plateformes éducatives et d'autres ressources disponibles sur le réseau qui facilitent, aider et améliorer la performance des classes et la fluidité du travail éducatif. Je me permets d'exprimer une de mes stratégies d'enseignement de la géométrie spatiale. Demander aux élèves d'imaginer combien d'arêtes se trouvent dans un cube ne les incite plus à apprendre. Ensuite, je dessine ce cube dans un logiciel de conception 3D et compte le nombre d'arêtes existantes ensemble. Pour les étudiants, je suis un génie! Mais je ne suis qu'un enseignant à la recherche du nouveau. Nous savons que ces ressources dépendent beaucoup de la structure de l'école dans laquelle vous faites partie, mais c'est l'une des nombreuses stratégies existantes et disponibles à travers le réseau. La formation continue des enseignants requiert de la discipline et un engagement à rechercher, trouver, penser, changer, apprendre. Si l'institution dans laquelle vous êtes inséré ne fournit pas de ressources pour l'amélioration, alors regardez à l'extérieur!

Dans les méthodes d'enseignement du contenu, le seul moyen d'évaluation existant et jugé plausible consiste à utiliser des questionnaires avec des questions et réponses exactes, qu'elles soient alternatives ou dissertatives. Mais est-ce la seule méthode d'évaluation efficace en éducation? L'espace de gestion pédagogique du réseau a de nombreuses stratégies et de nombreux professionnels existant à travers le pays avec différentes cultures et coutumes, expériences et expériences. Pourquoi ne pas les explorer? Pourquoi ne pas partager les stratégies qui ont fonctionné dans votre classe avec tous les membres du réseau, contribuant ainsi au progrès des méthodes d'éducation et d'évaluation? L'ENEM «National High School Exam» développé par l'INEP «National Institute of Educational Studies and Research Anísio Teixeira» est l'une des évaluations les plus attendues de l'année, après tout, il aide les étudiants à entrer dans les universités à travers le pays et collabore avec les données pédagogiques pour améliorer le programme d'études. SAEB, également développé par l'INEP, évalue les compétences et aptitudes développées par les étudiants dans les matières de la langue portugaise, des mathématiques et des sciences à travers des questionnaires, ainsi que l'ENEM et la collaboration et beaucoup pour l'amélioration et la progression du programme scolaire. Toutes ces évaluations apportent des données importantes en plus de ce qui est exigé par le BNCC, telles que les données socio-économiques et concernant la formation des enseignants, qui est la plus importante à mon avis dans cette transition de l'éducation. Avec les données fournies par l'INEP, l'IDEB "Basic Education Development Index" effectue toutes les analyses de ces données fournies afin de pouvoir dessiner de nouvelles lignes directrices curriculaires,

Nous savons qu'il existe de nombreux facteurs qui poussent les jeunes à abandonner leurs études et l'ENCEJA «Examen national de certification des compétences des jeunes et des adultes» nous permet d'évaluer si ces étudiants sont qualifiés pour recevoir le certificat d'achèvement de l'enseignement de base. Mais qu'en est-il de ceux qui ne sont pas en forme? Il y a l'EJA «Youth and Adult Education», un programme qui permet à ces personnes de retourner à l'école, qui a apporté de grandes avancées et la plus importante: la réduction du taux d'analphabétisme existant dans notre pays. Mais ne devrait-on travailler que les matières de base avec ces élèves? Les cours du Projet de vie devraient-ils être appliqués à ces étudiants, dont beaucoup sont déjà âgés? Serait-ce qu'un 60 ou 70 ans ne peut pas avoir un diplôme de médecine récent, droit ou licence? Laissez cette réflexion vous accompagner, lecteur.

Le PISA «International Student Assessment Program», créé par des spécialistes du monde entier, permet d'évaluer les connaissances acquises de manière appliquée, c'est-à-dire que l'ENEM et le SAEB veulent savoir si l'étudiant sait comment calculer l'intérêt composé et PISA veut savoir si l'étudiant (seulement 15 ans) sait où appliquer le calcul des intérêts composés. La littératie financière n'est pas évaluée dans l'ENEM et le SAEB. Il se peut qu'une question se pose maintenant en vous: comment dois-je préparer et évaluer mes étudiants afin qu'ils obtiennent des résultats significatifs dans les deux évaluations, le cas échéant? Si vos évaluations ne dépassent pas les questionnaires au bout de deux mois, je vous propose de repenser vos méthodes d'évaluation. L'évaluation d'un élève a lieu tous les jours et toutes les minutes à l'école. Les tests doivent-ils être appliqués tous les jours? Ne pas! Imaginez-vous dans la situation suivante: vous demandez à vos élèves de s'asseoir chacun à leur place pour l'application de l'évaluation bimensuelle. Pendant qu'ils effectuent ces évaluations, vous remarquez que certains sont très concentrés sur la résolution, d'autres se retrouvent haletants, les mains agitées et regardent dans toutes les directions, à l'exception de l'évaluation montrant un niveau élevé d'anxiété. D'autres vous regardent toujours en attendant un moment de distraction pour passer ou obtenir de la colle d'un collègue. Vous vous promenez dans les couloirs et remarquez qu'après 30 minutes d'évaluation, il y a ceux qui n'ont toujours pas résolu de questions et un détail important: l'élève qui n'a pas résolu de questions est celui qui répond à toutes les questions pendant le cours, répond aux questions et parfois, le tableau noir développera un peu d'exercice. Réalisez combien doit être étudié, étudié et amélioré? Les cours étaient les mêmes tout au long des deux mois pour tous les étudiants, non? En quoi les résultats sont-ils si différents? Vous rendez-vous compte de l'importance d'une évaluation individuelle et quotidienne? Nous savons que 60% du rendement scolaire de l'élève est à lui, mais c'est à nous, enseignants, d'analyser ce qui manque vraiment à chacun d'eux. Y a-t-il vraiment un manque de cours supplémentaires en géométrie plate ou y a-t-il une conversation sur la vie qui manque? Vous vous souvenez des classes Life Project requises dans le nouveau BNCC? C'est dans cette classe que vous découvrirez de grands «mystères» qui vous amèneront à coller, non à développer la preuve parmi d'autres faits qui se produisent les jours d'évaluation. Que s'est-il passé quelques instants avant, voire des jours, qui vous faisaient tant trembler et transpirer au moment du test? Ce n'était pas? En quoi les résultats sont-ils si différents? Vous rendez-vous compte de l'importance d'une évaluation individuelle et quotidienne? Nous savons que 60% du rendement scolaire de l'élève est à lui, mais c'est à nous, enseignants, d'analyser ce qui manque vraiment à chacun d'eux. Y a-t-il vraiment un manque de cours supplémentaires en géométrie plate ou y a-t-il une conversation sur la vie qui manque? Vous vous souvenez des classes Life Project requises dans le nouveau BNCC? C'est dans ce cours que vous découvrirez de grands «mystères» qui vous amèneront à coller, non à développer la preuve parmi d'autres faits qui se produisent les jours d'évaluation. Que s'est-il passé quelques instants avant, voire des jours, qui vous faisaient tant trembler et transpirer au moment du test? Ce n'était pas? En quoi les résultats sont-ils si différents? Vous rendez-vous compte de l'importance d'une évaluation individuelle et quotidienne? Nous savons que 60% du rendement scolaire de l'élève est à lui, mais c'est à nous, enseignants, d'analyser ce qui manque vraiment à chacun d'eux. Y a-t-il vraiment un manque de cours supplémentaires en géométrie plate ou y a-t-il une conversation sur la vie qui manque? Vous vous souvenez des classes Life Project requises dans le nouveau BNCC? C'est dans cette classe que vous découvrirez de grands «mystères» qui vous amèneront à coller, non à développer la preuve parmi d'autres faits qui se produisent les jours d'évaluation. Que s'est-il passé quelques instants avant, voire des jours, qui vous faisaient tant trembler et transpirer au moment du test? mais c'est à nous, enseignants, d'analyser ce qui manque vraiment à chacun d'eux. Y a-t-il vraiment un manque de cours supplémentaires en géométrie plate ou y a-t-il une conversation sur la vie qui manque? Vous vous souvenez des classes Life Project requises dans le nouveau BNCC? C'est dans cette classe que vous découvrirez de grands «mystères» qui vous amèneront à coller, non à développer la preuve parmi d'autres faits qui se produisent les jours d'évaluation. Que s'est-il passé quelques instants avant, voire des jours, qui vous faisaient tant trembler et transpirer au moment du test? mais c'est à nous, enseignants, d'analyser ce qui manque vraiment à chacun d'eux. Y a-t-il vraiment un manque de cours supplémentaires en géométrie plate ou y a-t-il une conversation sur la vie qui manque? Vous vous souvenez des classes Life Project requises dans le nouveau BNCC? C'est dans cette classe que vous découvrirez de grands «mystères» qui vous amèneront à coller, non à développer la preuve parmi d'autres faits qui se produisent les jours d'évaluation. Que s'est-il passé quelques instants avant, voire des jours, qui vous faisaient tant trembler et transpirer au moment du test? Y a-t-il vraiment un manque de cours supplémentaires en géométrie plate ou y a-t-il une conversation sur la vie qui manque? Vous vous souvenez des classes Life Project requises dans le nouveau BNCC? C'est dans cette classe que vous découvrirez de grands «mystères» qui vous amèneront à coller, non à développer la preuve parmi d'autres faits qui se produisent les jours d'évaluation. Que s'est-il passé quelques instants avant, voire des jours, qui vous faisaient tant trembler et transpirer au moment du test? Y a-t-il vraiment un manque de cours supplémentaires en géométrie plate ou y a-t-il une conversation sur la vie qui manque? Vous vous souvenez des classes Life Project requises dans le nouveau BNCC? C'est dans cette classe que vous découvrirez de grands «mystères» qui vous amèneront à coller, non à développer la preuve parmi d'autres faits qui se produisent les jours d'évaluation. Que s'est-il passé quelques instants avant, voire des jours, qui vous faisaient tant trembler et transpirer au moment du test?

Il y a de grands obstacles à briser, des données à réévaluer, des études à faire avec les étudiants et aussi avec les enseignants. N'oubliez pas que vous êtes un étudiant éternel! Que vous est-il arrivé, professeur, avant l'évaluation qui vous a rendu nerveux et irrité, écartant ainsi cette «fureur» chez les élèves les rendant plus appréhensifs? Mon objectif ne montre pas que c'est de votre faute pour la rareté de l'apprentissage! Mon objectif est de montrer qu'il existe un besoin pour de nouvelles formes d'évaluations, une analyse quotidienne des comportements, des compétences et des capacités des étudiants non développés par eux dans leurs disciplines respectives, mais il y a un besoin encore plus grand: leur auto-évaluation. Vous devez découvrir ce qui manque à votre élève, mais essayez l'expérience de découvrir ce qui manque pour vous en ce moment. Qu'est-ce qui vous empêche de progresser, rechercher, apprendre et réapprendre le progrès de votre classe et de votre éducation dans son ensemble? Il y a n facteurs à changer et c'est à chacun de nous, enseignants, de collaborer pour un meilleur curriculum et pour un meilleur individu dans la société.

Les données socio-économiques continuent d'influencer

La plupart des jeunes qui entrent dans les universités sont de la classe moyenne supérieure à la classe supérieure et c'est une réalité que le système éducatif de tout le pays a essayé de changer et le BNCC, comme nous l'avons dit plus tôt, fait ce premier grand pas vers cette transition avec des exigences acquérir des compétences et aptitudes spécifiques dans tous les réseaux, sans exception. Mais il n'y a aucun moyen d'aborder l'éducation sans aborder la réalité culturelle et il n'y a aucune possibilité d'aborder les deux, sans tenir compte de la réalité socioéconomique d'une population scolaire donnée. Les établissements d'enseignement privés ont des règles, des normes et des exigences plus profondes, mais qu'est-ce qui les distingue des établissements publics? Si nous mettons les jeunes à faible revenu dans des écoles privées haut de gamme, se développerait-il comme tout le monde qui a de meilleures conditions financières? Nous le savons, car il existe d'innombrables boursiers dans les écoles qui obtiennent des résultats surprenants et entrent dans les meilleures universités du pays avec des notes considérables. Mais cette nette différence entre les étudiants à revenu élevé et ceux à faible revenu a-t-elle une influence même après que l'enseignant a déjà obtenu son diplôme?

Comme indiqué dans les réflexions précédentes, les cours de pédagogie et de diplôme sont l'un des moins chers du marché aujourd'hui, et cette information est prouvée par le nombre d'étudiants inscrits dans les classes des deux cours chaque année. Après leur formation en enseignement, nous voyons d'innombrables chômeurs ou professionnels qui travaillent et différents domaines pour avoir étudié dans une université «sans nom», appelons-le ainsi. Si nous analysons, il y a une chaîne de pertes dans tout ce mouvement! Remarque: un jeune à faible revenu termine ses études de base dans une entité publique. Lorsqu'il décide de poursuivre une carrière d'enseignant, il recherche l'Université qui répond le mieux à ses conditions financières. Il est diplômé dans une certaine mesure et perd toujours des points lorsqu'il est en concurrence avec des candidats diplômés d'universités renommées, qu'elles soient publiques ou privées. A noter que depuis son enfance, ce jeune homme est affecté par son statut socio-économique. Et maintenant, vous vous demandez peut-être: Mais ce jeune homme aurait pu passer un examen d'entrée dans une université plus renommée! Mais ce jeune homme aurait-il suffisamment de connaissances pour les rejoindre? À ce stade, je vais encore plus profondément dans les questions possibles qui peuvent être dans votre esprit: Mais ce jeune homme pourrait essayer plus fort! Nous savons que tout le monde n'a pas la capacité d'être autodidacte et dépend de l'aide des enseignants. J'ai moi-même vu des camarades de classe en fin d'études abandonner le cursus dans les premières semaines parce qu'ils avaient de nombreuses difficultés avec les concepts mathématiques de base, par exemple, les opérations avec des fractions, une compétence que j'aurais dû acquérir dans l'enseignement de base.

Et aussi incroyable que cela puisse paraître, la classe socio-économique interfère toujours dans la formation continue des enseignants et cela est confirmé par les données présentées par QEdu où, sur 100% des enseignants interrogés, 4% ont conclu une maîtrise et 0% un doctorat. Qu'est-ce qui les empêche de poursuivre leur formation? Est-ce vraiment juste un manque de temps ou des difficultés familiales? Ou nous devons considérer le manque de compétences et d'aptitudes non acquises dans l'enseignement de base, qui l'a empêché d'entrer dans une université de renom et qui a impliqué la concurrence pour entrer sur le marché du travail et, enfin, refléter aujourd'hui dans ses conditions financières pour en payer une. Post-graduat, Master ou Doctorat car ils n'ont pas de placement significatif sur le marché? Laissons la réflexion sur l'importance du BNCC à partir de maintenant, car elle permettra de découvrir les différentes inconnues d'une inégalité, c'est-à-dire le manque d'égalité entre les différentes classes, genres et races de notre société si elle est appliquée avec efficacité, travail et dévouement. Je crois que ce dernier est la plus grande compétence qu'un enseignant devrait acquérir et, bientôt, nous verrons des étudiants formés pour entrer dans n'importe quelle université du pays et à l'étranger, par conséquent, de futurs enseignants bien qualifiés formant de nouveaux étudiants réfléchis et donc, l'avancement de l'éducation 4.0 dans le monde.

Références

ÉVALUATIONS de l'éducation de base, examens et indicateurs | Inep. [S. l.]: Inep Oficial, 2019. Disponible sur: https://www.youtube.com/watch?v=_OSXXH5KBVw. Consulté le: 25 mai 2020.

AYUSO, Silvia. Seuls sept pays sur 79 améliorent leurs résultats dans le rapport PISA: un élève sur dix seulement fait la distinction entre «faits et opinions» et un sur quatre a des difficultés de lecture de base. EL PAÍS, Paris, année 2019, 3 déc. 2019. Disponible sur: https://brasil.elpais.com/brasil/2019/12/03/ciencia/1575330418_629805.html. Consulté le: 2 juin. 2020.

BNCC. Dans le FTD Educational Team Practice, São Paulo, éd. 1 Ed, p. 7-111, 2018.

BNCC. In Elementary School Practice Final Years, São Paulo, éd. 1 Ed, p. 7-189, 2019.

BNCC EN PRATIQUE # 4 | FORMATION DES ENSEIGNANTS. Direction: Marcelo Ganzela. Production: Sylvia Gouvea. [S. l.]: Editora Moderna, 2019. Disponible sur: https://www.youtube.com/watch?v=BLIX1HIauPA. Consulté le: 11 mai 2020.

COMMENT Pise fonctionne. [S. l.]: Inep Oficial, 2019. Disponible sur: https://www.youtube.com/watch?v=mCkqSDp1g84. Consulté le: 25 mai 2020.

Formation continue des professionnels de l'éducation. [S. l.]: Conviva Educação, 2019. Disponible sur: https://www.youtube.com/watch?v=fIVNI3jeuY8. Consulté le: 25 mai 2020.

Formation continue: N'arrêtez jamais d'étudier! Production: Ricardo Henrique. [S. l.]: Canal Futura, 2019. Disponible sur: https://www.youtube.com/watch?v=4V8shSCMIV4;. Consulté le: 19 mai 2020.

Éducateur MATÉRIEL Classes de projet de vie: 1re et 2e années du secondaire. 1. ed. tour. Recife, PE: Institut de coresponsabilité pour l'éducation, 2016. 648 pv Único. Disponible sur: http://www.iema.ma.gov.br/wp-content/uploads/2016/12/MATERIAL-DO-EDUCADOR-AULAS-DE-PROJETO-DE-VIDA.pdf. Consulté le: 25 mai 2020.

NUNES, CMF (2001). Connaissances pédagogiques et formation des enseignants: un bref aperçu de la recherche brésilienne. Éducation et société, 27–42.

QEDU: Les gens. Dans: Éducation: Post-Graduation. [S. l.], 2017. Disponible sur: https://qedu.org.br/brasil/pessoas/professor. Consulté le: 2 juin. 2020.

Nunes, CMF (2001). Connaissances pédagogiques et formation des enseignants: un bref aperçu de la recherche brésilienne. Éducation et société, 27–42.

Mariana Ponciano de Novaes Freitas

Diplômé en technologie en gestion de l'environnement, baccalauréat et licencié en sciences biologiques et post-diplôme en psychopédagogie institutionnelle. Expérience de 8 ans en classe, dans les écoles traditionnelles de l'État de São Paulo. Participe à une formation continue axée sur le domaine des neurosciences dans l'éducation.

Avoir une expérience de l'éducation inclusive et des besoins d'apprentissage différenciés, une participation active à des projets tels que des expositions scientifiques et des expositions culturelles, l'élaboration de projets dans le domaine de l'éducation environnementale et dans d'autres domaines pédagogiques et techniques dans les laboratoires de sciences, de biologie et de chimie.

Et je signale certaines productions académiques telles que: INTERFÉRENCES AFFECTIVES POSITIVES ENTRE ENSEIGNANT ET ÉTUDIANT PRÉSENT EN APPRENTISSAGE, EAU ET DURABILITÉ et LYMPHOCYTES RÉGLEMENTAIRES ET ALLERGIE AUX BÂTONS.

CHAPITRE CINQ: CONNAISSANCES PÉDAGOGIQUES, FORMATION DES ENSEIGNANTS ET DES ÉTUDIANTS - RELATION AVEC LE BNCC

"Heureux celui qui transfère ce qu'il sait et apprend ce qu'il enseigne." -*Cora Coralina*

Introduction

Être dans le monde, c'est expérimenter, éprouver de la satisfaction, car nous dépendons les uns des autres, chercher des significations, me présenter au monde en grandissant. Ainsi, pour apprendre, il est nécessaire de créer des liens qui garantissent la connaissance, de comprendre que chaque être est unique et désire le monde.

Apprentissage

L'apprentissage est ... comme quand papa m'a appris à faire du vélo. Je voulais vraiment faire du vélo. Alors ... Papa m'a donné un vélo ... plus petit que le sien. Cela m'a aidé à me relever. Le vélo seul tombe, il faut continuer à marcher ...

C'est un peu effrayant, mais papa tient le vélo. Il n'a pas monté son gros vélo et a dit: "Alors fais du vélo" ... non, il a continué à courir à côté de moi en tenant toujours le vélo ... plusieurs jours et tout à coup, sans que je m'en rende compte, il a lâché le vélo et a continué à courir à côté de moi. Alors j'ai dit: Ah! J'ai appris!

Ah! Apprendre est presque aussi beau que jouer (Fernandez, 2001).

L'intelligence n'est pas l'élément le plus important du développement humain, mais ce développement dépend de trois aspects: moteur, affectif et cognitif. Ainsi, les dimensions biologiques et sociales sont indissociables, car elles se complètent. L'évolution d'un individu dépend non seulement de la capacité intellectuelle garantie par le caractère biologique, mais aussi de l'environnement qui conditionnera l'évolution, permettant ou empêchant le développement de certaines potentialités.

Lors de l'enseignement, l'enseignant donne un sens à ce qui est vécu et permet à l'élève d'élaborer la réalité qui l'entoure.

Connaissances pédagogiques: La formation des enseignants et des étudiants.

La tendance est aujourd'hui de voir l'éducation de plus en plus inclusive, cela signifie que les méthodologies, les espaces et les matériaux doivent pouvoir servir tout le monde. Et cela est directement lié à la formation et à l'apprentissage que l'enseignant a acquis tout au long de sa carrière professionnelle.

Des liens affectifs doivent être établis par l'enseignant pour que les difficultés des élèves soient perçues, à partir de ce qu'ils savent déjà, pour que les activités prennent sens. Les relations affectives comme le dialogue, par exemple, facilitent ce diagnostic et rapprochent l'enseignant de l'élève. Cependant, chaque être est unique, donc les situations, les buts et les intérêts sont particuliers.

Avec un environnement agréable, l'élève devient plus confiant, amical, intéressé par le contenu présenté, le rendant plus autonome, surmontant les barrières établies par l'environnement scolaire.

Réfléchir et évaluer des situations et des difficultés à comprendre leurs raisons et leurs réactions est déjà un moyen d'améliorer l'atmosphère émotionnelle. Il est nécessaire d'identifier les facteurs responsables des conflits, ce qui permettra d'améliorer la pratique pédagogique, puisque

> *"La libération des intelligences peut être recherchée dans une réduction des deux émotions anti-physiologiques et anti-cognitives par excellence: la peur et la colère" (DANTAS, 1992a: 70).*

Les enseignants font souvent des erreurs parce qu'ils ne connaissent pas les différentes étapes du développement de l'esprit humain, en ne connaissant pas le contenu culturel qui peut contextualiser concrètement les élèves et en ne connaissant pas les histoires de vie de chacun.

Le rôle de l'enseignant dans la classe est essentiel pour résoudre certains problèmes, mais l'école doit également offrir un soutien à l'éducateur afin qu'il agisse de manière décisive. En ce sens, l'école doit se préoccuper de la formation de ses enseignants, afin qu'ils soient conscients de permettre aux enfants d'acquérir un plein épanouissement de leur potentiel, d'entretenir des relations avec des individus qui comprennent la subjectivité et les caractéristiques de chacun.

L'enseignant est responsable d'une proposition pédagogique qui contribuera dans toutes ses approches et dimensions à améliorer la qualité de l'enseignement, en plus de répondre aux besoins de la communauté dans laquelle il opère.

Connaître et comprendre les principes, les finalités et les mécanismes des politiques publiques en matière d'éducation est en train de se mettre au diapason et de tirer le meilleur parti des avantages que l'école et les élèves peuvent obtenir par des actions publiques.

Le premier changement à adopter est dans l'idée: un changement de mentalité qui devrait générer des effets pratiques à long terme. Il s'agit de changer l'image que les étudiants ont des études.

L'étude est souvent considérée comme une tâche obligatoire et fastidieuse, presque comme une punition que les parents et les enseignants imposent aux jeunes. Cependant, cela ne devrait pas être le cas, après tout, la possibilité d'entrer en contact avec le nouveau et de comprendre le monde qui nous entoure est quelque chose qui devrait se présenter comme extrêmement stimulant.

Pour que cette situation change, il faut présenter les activités scolaires comme une tâche agréable.

L'utilisation de la technologie combinée à l'éducation, par exemple, est une stratégie très viable pour motiver l'étude. Aujourd'hui, la plupart des jeunes sont très attachés aux appareils technologiques et aux outils numériques. Profiter de cet intérêt pour améliorer l'enseignement est une excellente idée

Faire en sorte que les étudiants atteignent un degré d'excellence dans leurs études, c'est les motiver à vouloir apprendre pour, dès lors, enseigner avec qualité et recevoir des résultats positifs. Cet enseignement différencié doit laisser de côté, tout d'abord, le «décorer», afin de privilégier les connaissances les plus profondes et appliquées dans la vie quotidienne des élèves, afin de faire partie de leur vie, même en dehors de l'école.

Pour cette raison, il est essentiel de rendre les cours plus dynamiques et pratiques, en combinant le contenu des sujets avec la «vraie vie», pour ainsi dire. Relier ce qui se trouve dans les livres aux situations quotidiennes courantes des élèves peut les rendre beaucoup plus intéressés par les matières et, ainsi, améliorer considérablement leur performance en réalisant l'utilité des études et l'application de concepts pratiques en classe..

Une autre stratégie pour améliorer les performances des élèves consiste à toujours être au courant des résultats globaux de la classe. Si, par exemple, de nombreux élèves ont des difficultés avec les mathématiques, cela peut être un signe que les résultats inférieurs à la moyenne ne sont pas dus aux difficultés individuelles de certains élèves avec la discipline, mais que le contenu n'est pas traité de la meilleure façon.

Tout au long de l'année, à l'aide d'outils d'évaluation de la performance, comparez toujours les résultats et voyez l'évolution de la classe par rapport à ce qui a été défini. Grâce à ce type de diagnostic, il est possible de définir des stratégies d'enseignement plus efficaces. L'éducateur acquiert les bases pour, par exemple, tester différentes façons de travailler avec le contenu et voir quelles sont les plus adaptées à chaque classe. Et, en concevant des exercices, des activités et de multiples formes d'évaluation, il devient beaucoup plus facile d'améliorer les performances des élèves.

Cependant, il existe des besoins qui interfèrent de manière significative dans le processus d'apprentissage et qui nécessitent une attitude éducative spécifique de l'école, comme l'utilisation de ressources spécialisées et un soutien pour assurer l'apprentissage de tous les élèves.

L'éducation est un droit pour tous et doit être orientée vers le plein développement et le renforcement de la personnalité. Le respect des droits de l'homme et des libertés, première étape vers l'édification de la citoyenneté, doit être encouragé.

Préserver la diversité présentée à l'école, présente dans la réalité sociale, représente une opportunité de répondre aux besoins éducatifs en mettant l'accent sur les compétences, les capacités et le potentiel de l'élève.

Travailler avec des projets

L'apprentissage par projet est une stratégie pédagogique centrée sur l'étudiant, dans laquelle les étudiants apprennent les sujets les plus divers à travers des situations réelles de problèmes et sans solutions définitives. En d'autres termes, l'accent n'est pas nécessairement mis sur la résolution du problème lui-même, mais sur toutes les compétences et l'apprentissage qui peuvent être développés au cours de ce processus.

Le travail avec les projets insère la méthodologie qui implique les étudiants dans des enquêtes sur des problèmes attractifs, qui génèrent des résultats originaux.

> *«(...) le projet n'est pas une simple représentation de l'avenir, de demain, du possible, d'une idée; c'est l'avenir à faire, un demain à réaliser, un possible à transformer en réel, une idée à transformer en acte »(BARBIER, In: MACHADO, 2000, p.6).*

> *«Si nous faisons du projet une camisole de force pour toutes les activités scolaires, nous entraverons la pratique pédagogique» (ALMEIDA, 2001).*

Le travail de projet nécessite des changements dans le concept d'enseignement et d'apprentissage et, par conséquent, dans l'attitude de l'enseignant et de l'école.

Hernández (apud ALMEIDA) souligne que le travail de projet "ne doit pas être considéré comme une option purement méthodologique, mais comme un moyen de repenser la fonction de l'école".

La pédagogie des projets, bien que constituant un nouveau défi pour l'enseignant, peut fournir à l'étudiant un moyen d'apprentissage basé sur l'INTÉGRATION entre des contenus issus de différents domaines de connaissances, ainsi qu'entre différents supports (informatique, télévision, livres), disponibles dans le cadre de école (ALMEIDA, internet).

Abrantes (1995: 62) souligne certaines caractéristiques fondamentales du travail avec des projets:

- Un projet est une activité intentionnelle.
- La participation des étudiants est une caractéristique clé du travail de projet, qui suppose un objectif qui donne

unité et sens aux différentes activités, ainsi qu'un produit final qui peut prendre des formes très différentes, mais cherche à répondre à l'objectif initial et à refléter le travail accompli.

- Dans un projet, la responsabilité et l'autonomie des étudiants sont essentielles. Les étudiants sont coresponsables du travail et des choix tout au long du développement du projet. En général, ils le font en équipe, c'est pourquoi la coopération est aussi presque toujours associée au travail.

- L'authenticité est une caractéristique fondamentale d'un projet Le problème à résoudre est pertinent et a un réel caractère pour les étudiants. Ce n'est pas une simple reproduction de contenu prêt à l'emploi. De plus, le problème n'est pas indépendant du contexte socioculturel et les étudiants cherchent à construire des réponses personnelles et originales.

- Un projet implique complexité et résolution de problèmes. L'objectif central du projet constitue un problème ou une source génératrice de problèmes, qui nécessite une activité pour le résoudre (ABRANTES, 1995, p.62).

Le travail avec les projets vise à développer le protagonisme des enfants et des jeunes. Il est essentiel de reconnaître les enfants et les adolescents, non pas comme un problème, mais comme faisant partie de la solution.

Pour les étudiants, les avantages de travailler avec un projet comprennent:

- Fréquence accrue, confiance en soi accrue et attitudes plus positives envers l'apprentissage (THOMAS, 2000).

- Des gains académiques égaux ou supérieurs à ceux produits par d'autres modèles, les étudiants impliqués dans des projets assumant plus de responsabilité pour leur propre apprentissage que les activités traditionnelles en classe (BOALER, 1997; SRI, 2000).

- Possibilités de développer des compétences complexes, telles que la formation cognitive de premier ordre, la résolution de problèmes, la collaboration et la communication (SRI, 2000).

- L'accès à une plus grande variété d'occasions d'apprentissage en classe, créant une opportunité pour les élèves de différentes cultures de participer (RAILSBACK, 2002).

Pour les enseignants:

- Les avantages supplémentaires incluent un professionnalisme et une collaboration accrus entre collègues, et des opportunités pour établir des relations avec les étudiants (THOMAS, 2000).

- Elle rend l'interdisciplinarité réalisable, un projet passe par plusieurs phases et la PLANIFICATION est une action fondamentale pour la réussite d'un métier.

- Choix de l'objectif central, formulation des problèmes, planification, exécution, évaluation et forme de diffusion des travaux.

«L'enfant a une passion innée pour la découverte et c'est pourquoi il vaut mieux ne pas lui donner la réponse à ce qu'il ne sait pas, ni la solution toute prête à ses problèmes; il est essentiel de nourrir sa curiosité, de la motiver à trouver des solutions, de la guider dans l'enquête jusqu'à ce qu'elle obtienne ce qu'elle veut »(MARTINS)

Qu'est-ce que la National Curricular Base?

La National Curricular Base (BNCC) est le document qui réglemente quels sont les apprentissages essentiels que chaque élève, qu'il soit issu d'une école publique ou privée, doit développer.

Le BNCC est l'instrument qui contribuera à promouvoir la qualité et l'équité, garantissant que chaque enfant et jeune brésilien a les mêmes droits d'apprentissage, quel que soit le lieu où il étudie. En outre, la base guidera les programmes d'études des États et des municipalités du Brésil.

Les pays développés et ayant les meilleurs résultats au monde disposent d'un document de référence national qui définit ce que les élèves doivent apprendre tout au long de leur parcours scolaire. Les principaux exemples sont l'Australie, le Chili, les États-Unis, le Portugal, la Finlande et Singapour.

Le BNCC était prévu par la Constitution fédérale, les directives nationales sur l'éducation et la loi de base (LDB), les directives nationales sur le curriculum (DCN) et le plan national d'éducation (PNE).

Le BNCC était une construction conjointe de MEC en partenariat avec les États et les municipalités, et avec plus de 12 millions de contributions d'éducateurs et de spécialistes nationaux et internationaux.

Le BNCC permet de favoriser une plus grande cohérence et articulation des éléments cruciaux pour garantir l'apprentissage des étudiants dans ces étapes, tels que:

- Ressources didactiques
- Évaluations externes
- Formation des enseignants
- Projets pédagogiques
- Réseaux de programmes / écoles.

Le BNCC définit 10 compétences générales à développer:

- Connaissance;
- Pensée scientifique, critique et créative;
- Sens esthétique et répertoire culturel;
- la communication;
- Culture numérique;

- Autogestion;
- Argumentation;
- Connaissance de soi et autosoins;
- Empathie et coopération;
- Autonomie.

Références Chiffres (BNCC 2017)

De manière simple, il est possible d'affirmer que la base indique le point où l'on veut arriver. Le programme y trace le chemin. (BNCC 2017)

La société contemporaine exige le développement de compétences pour apprendre à apprendre, vivre et apprendre des différences et des diversités, agir avec discernement et responsabilité dans les contextes des cultures numériques, savoir comment gérer les informations de plus en plus disponibles, être proactif dans l'identification des données situation et chercher des solutions, appliquer les connaissances pour résoudre les problèmes et avoir l'autonomie pour prendre des décisions.

Formation continue des professionnels de l'éducation: relation avec les évaluations de l'apprentissage au Brésil et dans le monde.

Formation continue des enseignants

La formation continue des professionnels de l'éducation a été comprise aujourd'hui comme un processus permanent et constant d'amélioration des intelligences nécessaires à l'activité des éducateurs. Il a lieu après la formation initiale et vise à assurer une éducation de plus en plus de qualité aux étudiants.

La démocratisation de l'éducation a comme défi la nécessité de canaux institutionnels d'intervention populaire dans la définition des politiques publiques;

Discours: l'éducation est une priorité, l'allocation de ressources pour l'assurance qualité, l'accès et la permanence;

Réalité: détérioration des conditions d'enseignement et de travail des enseignants.

Questions: quelque chose ne va pas entre le discours et la réalité, des ressources insuffisantes ou mal appliquées, qui fixe les priorités?

Une plus grande participation permet une meilleure compréhension de l'État et une plus grande influence sur son fonctionnement;

Démocratisation des relations de pouvoir à l'école;

Il contribue à la qualité de l'enseignement car il y a implication et suivi de l'enseignement proposé.

Progrès par rapport à la Constitution de 1988: il institue la démocratie participative et permet l'exercice direct du pouvoir (art. 1) et le régime de collaboration entre l'Union, le district fédéral, les États et les municipalités (art. 211).

La qualité sociale de l'éducation tente d'assurer un processus pédagogique guidé par l'efficience, l'efficacité et l'efficacité sociale, afin de contribuer à l'amélioration de l'apprentissage des élèves, en lien avec l'amélioration des conditions de vie et de formation de la population.

L'amélioration de la qualité de l'éducation nécessite des mesures efficaces:

- Admission et permanence;
- Qualité de l'apprentissage;
- Gestion scolaire;

- Formation de professionnels;
- Infrastructure;
- Ressources pédagogiques.

> *«(...) il vaut la peine d'apprendre tout ce qui unit et tout ce qui libère. Tout ce qui unit, c'est-à-dire tout ce qui intègre chaque individu dans un espace de culture et de sens. Tout ce qui libère, c'est-à-dire tout ce qui favorise l'acquisition de la connaissance, l'éveil de l'esprit. (...) et tout ce qui rend la vie plus décente »- Antônio Nóvoa*

La construction d'une école de qualité nécessite une refonte critique et réflexive, tant par rapport aux sphères politiques macro-éducatives que par les micro-relations, c'est-à-dire les actions en classe. Nous comprenons que la reconstruction de cette école a comme éléments de base la restructuration des programmes, la gestion démocratique et le projet de formation continue des éducateurs. Le curriculum, centre de l'enseignement scolaire et expression de la connaissance des différentes matières sociales et de leurs pratiques sociales, a ses contours globalisés à travers les différentes visions des différents domaines scientifiques. Les approches révèlent les liens entre l'organisation et le fonctionnement de l'école en tant qu'institution et le concept de curriculum en tant que savoir hégémonique en son sein.

Les thèmes culturels intègrent les problèmes centraux des relations sociales, tels que: les questions de genre, la discrimination, la violence dans ses formes les plus diverses de manifestation; l'articulation de l'éducation en tant que projet stratégique pour le développement de la ville, transformant les principaux enjeux sociaux et culturels de la réalité en contenu curriculaire pour les écoles.

En ce qui concerne la formation continue, les aspects suivants du professionnel sont mis en avant: la formation, la profession, l'évaluation et les compétences qui relèvent de la responsabilité du professionnel.

L'éducateur qui est toujours à la recherche d'une formation continue, ainsi que l'évolution de ses compétences a tendance à élargir son champ de travail.

Le processus

L'apprentissage est un processus de changement de comportement obtenu grâce à une expérience construite par des facteurs émotionnels, neurologiques, relationnels et environnementaux. L'apprentissage est le résultat de l'interaction entre les structures mentales et l'environnement. Selon la nouvelle orientation pédagogique, centrée sur l'apprentissage, l'enseignant est co-auteur du processus d'apprentissage des élèves. Dans cette focalisation sur l'apprentissage, les connaissances sont continuellement construites et reconstruites.

Évaluation

Selon le Michaelis Online Dictionary, l'explication est "l'appréciation, le calcul ou l'estimation de la qualité de quelque chose ou de la compétence de quelqu'un". Cette définition est claire et conduit à une question: comment déterminer la compétence d'un élève?

C'est pourquoi il existe différents types d'évaluation de l'apprentissage. Dans le cadre du processus d'enseignement, l'application de ces différents examens nécessite des connaissances et une préparation technique, en plus de la capacité d'observation des enseignants.

Types d'évaluation:

- *Évaluation formative*

Son objectif est d'identifier si les propositions de l'enseignant sont réalisées dans le processus d'enseignement-apprentissage. A partir du résultat obtenu, il est possible d'orienter et de réguler la construction des connaissances.

La fonction de cette approche est, pour l'étudiant, de fournir des subventions qui montrent l'apprentissage obtenu et ses capacités cognitives pour résoudre des problèmes. Pour l'enseignant, c'est l'occasion de détecter l'adéquation de l'enseignement à l'apprentissage et de transmettre une rétroaction précise à l'élève.

Ce format est appliqué quotidiennement, occasionnellement et périodiquement. Les exemples incluent: revoir les cahiers et les devoirs, observer les performances, appliquer des tests, développer des projets, etc.

- *Évaluation cumulative*

Cette évaluation vise à conserver les connaissances transmises en classe. L'enseignant travaille avec l'élève et l'accompagne dans sa vie quotidienne. Ainsi, l'étudiant reçoit une orientation continue, telle que déterminée par la loi sur les directives et les bases de l'éducation (LDB).

- *Évaluation diagnostique*

Le but de l'évaluation diagnostique est d'identifier ou de vérifier le contenu et les connaissances des élèves pour que l'enseignant améliore l'enseignement et l'apprentissage. Dès le diagnostic, l'enseignant développe des actions pour atteindre les objectifs attendus et répondre aux besoins.

Dans ce scénario, l'évaluation de l'apprentissage sert de subvention pour planifier l'enseignement. Il est donc plus recommandé de démarrer le processus. Parmi les options d'évaluation, citons: entretiens avec les élèves, exercices ou simulations, observations des élèves, consultation des dossiers scolaires et questionnaires ou questions.

- *Évaluation sommative*

Des notes et des concepts sont attribués afin de promouvoir l'étudiant dans une autre classe ou un autre cours. Il est généralement appliqué au semestre ou au semestre. Dans ce cas, les options d'examen sont: examen ou travail final, évaluation basée sur les résultats cumulés obtenus dans l'année ou les deux.

- *Auto-évaluation*

L'évaluation est appliquée par l'élève ou l'enseignant pour être conscient de l'apprentissage ou de l'enseignement. Ainsi, les deux sont capables d'améliorer le processus.

Connaissance multidisciplinaire, complète et continue

«L'évaluation de l'apprentissage, un nouveau paradigme, est un processus de médiation dans la construction du programme d'études et est étroitement liée à la gestion de l'apprentissage des élèves. Dans l'évaluation de l'apprentissage, l'enseignant ne doit pas permettre de surestimer les résultats des tests périodiques, généralement de caractère classificatoire, au détriment de ses observations quotidiennes, de nature diagnostique ».

Il est donc clair qu'il est essentiel d'agir de manière didactique interactive. Il appartient à l'enseignant d'évaluer la participation et la productivité de l'élève puis de le compléter par des tests écrits. Le résultat est une réflexion critique sur la pratique, afin d'identifier correctement quelles ont été les difficultés et les progrès des étudiants, ainsi que les aspects nécessaires pour surmonter les défis.

La note est une exigence du système éducatif. Déterminé par le ministère de l'Éducation (MEC), il sert de base à l'enseignant pour prouver qu'un certain élève a atteint les connaissances minimales nécessaires pour passer l'année.

Dans des pays plus avancés à cet égard, comme la République de Singapour, les évaluations sont déjà en train de changer et visent à mettre de côté la répétition des exercices et la tarification des bonnes notes. La raison est de mettre en œuvre une approche holistique, qui prend en compte différentes variables.

Dans ce cas, les devoirs et les discussions devraient remplacer les examens écrits. Ici au Brésil, il n'y a toujours pas de prévision à cet égard. Pourtant, de nombreux établissements d'enseignement ont mis en place une vision plus globale.

Considérations finales

Au vu des citations et théories et de toutes les références pertinentes au sujet, on peut souligner que de la naissance à la mort, l'individu est dans une phase constante d'apprentissage et de changements, mais c'est au cours de la vie scolaire que la plupart des enfants va former votre personnage, développer et acquérir une grande partie de vos connaissances. Compte tenu de ces faits, l'enseignant suit constamment comme point de référence et exemple d'observation de ses élèves, étant d'abord l'un des principaux influenceurs dans la formation du sujet.

La connaissance est quelque chose de continu, et suit des paramètres d'expérience et d'expérimentation, on apprend beaucoup mieux ce qui nous donne du sens.

Le pari sur la technologie est une étape qui peut être mise en œuvre progressivement. Cependant, il est important que cela se produise. La vitesse à laquelle de nouvelles demandes et mises à jour surviennent exige que tout le monde soit à un rythme accéléré. Ce n'est pas différent avec l'apprentissage.

Par conséquent, il est important d'investir dans une technologie de qualité comme moyen de produire de nouveaux contenus et de fournir un apprentissage plus dynamique et intuitif.

La culture de l'apprentissage continu est beaucoup plus ouverte, discutable et basée sur la confiance.

Avec cela, sa construction est conjointe, génératrice de valeur pour les personnes qui la composent. Il en résulte une connaissance plus concise, alignée et collaborative.

La formation continue doit être considérée comme un grand allié des éducateurs, car elle contribue à l'évolution constante du travail de l'enseignant. En effet, il favorise la création de nouveaux environnements d'apprentissage, donnant un nouveau sens aux pratiques pédagogiques. En outre, avec BNCC, il est également élevé comme un outil fondamental, qui devrait être promu par l'école.

De la même manière que le monde évolue rapidement et que la technologie devient de plus en plus importante dans le processus d'apprentissage, la formation des enseignants suit également cette évolution, à travers des cours de formation continue en ligne, par exemple.

Il est également important de souligner la création d'un modèle d'évaluation de l'enseignement et de l'apprentissage afin que les éducateurs approfondissent leurs connaissances des nouvelles tendances et pratiques éducatives, ce qui permet d'améliorer leurs performances en tant que professionnels de l'éducation et de contribuer à l'amélioration du processus éducatif. enseignement-apprentissage.

Le développement de cet article vise à aider dans la pratique professionnelle en tant que facilitateur des relations quotidiennes, à observer et à refléter leurs propres attitudes, des autres éducateurs avec lesquels ils vivent et des élèves en général, en apportant de réels changements dans les habitudes et les postures qui se terminent souvent être ignoré par la routine et la vie quotidienne.

Références:

BRÉSIL. Constitution (1988). Constitution de la République fédérative du Brésil. 25. éd. São Paulo: Saraiva, 2000.

BRÉSIL. Loi no. 9,394 / 96, du 20 décembre 1996. Établit les lignes directrices et les bases de l'éducation nationale. Journal officiel fédéral, Brasilia, DF, 23 décembre. 1996. p. 27894.

BRÉSIL. Loi no. 10 172, du 9 janvier 2001. Établit le Plan national d'éducation et prévoit d'autres mesures. Journal officiel fédéral, Brasilia, DF, 10 janvier 2001

Clarice S. Kawasaki, José Marcelino R. Pinto, Natalina AL Sicca et Noeli PP Rivas du Département de psychologie et d'éducation / Faculté des sciences de la philosophie et des lettres de

Ribeirão Preto

Dourado, LF Politiques et gestion de l'éducation de base au Brésil: limites et perspectives. Educ. Soc., Campinas, c. 28, n. 100, p. 921-946, 2007.

Gadotti, Moacir. Gestion démocratique et qualité de l'enseignement. Belo Horizonte: Minas Centro, 1994.

Gadotti, Moacir et ROMÂO, José E. (orgs). Autonomie scolaire: principes et propositions. 6e éd. São Paulo: Cortez: Paulo Freire Institute, 2004. (Citizen School Guide) (p.17)

Lück, H. Dimensions de la gestion scolaire et de ses compétences. Heloísa Lück. Curitiba: Positivo, 2009.

Saviani, D. L'éducation brésilienne: structure et système. 10. éd. Campinas: auteurs associés, 2008.

AFFECTIVITÉ DANS LES PRATIQUES PÉDAGOGIQUES. Disponible sur: <http://pepsic.bvsalud.org/pdf/tp/v20n2/v20n2a06.pdf

ASPECTS CONSTITUTIFS DE L'ENSEIGNEMENT DE LA MÉDIATION ET SES EFFETS SUR LE PROCESSUS D'APPRENTISSAGE ET DE DÉVELOPPEMENT. Disponible sur: <http://pepsic.bvsalud.org/pdf/cp/v23n24/06.pdf

BNCC- App- Document-Final. Disponible en document pdf. <Auteurs: Anna Penido; David Boyd; Eduardo Deschamps; Marcia Ferri; Teresa Punctual; Washington Bonfim.>

QU'EST-CE QUE L'APPRENTISSAGE? Disponible sur:

<http://educador.brasilescola.uol.com.br/trabalho-docente/o-que-ehecimento.htm

PRODUCTION D'UN SENTIMENT SUBJECTIF: LES SINGULARITÉS DES ÉTUDIANTS DANS LE PROCESSUS D'APPRENTISSAGE. Disponible sur: <http://www.scielo.br/pdf/pcp/v28n1/v28n1a11.pdf

PSYCHANALYSE ET ÉDUCATION: CONSTRUCTION DU LIEN ET DÉVELOPPEMENT DE LA PENSÉE. Disponible sur: <http://pepsic.bvsalud.org/scielo.php?pid=S0103-84862009000100016&script=sci_arttext

http://www.intel.com.br/content/dam/www/program/education/lar/br/pt/documents/project-design/dep-pbl-research.pdf

http://www.eadconsultoria.com.br/matapoio/biblioteca/textos_pdf/texto18.pdf

http://www.educabrasil.com.br/eb/exe/texto.asp?id=477

https://www.provafacilnaweb.com.br/blog/tipos-de-avaliacao-de-aprendhecimento/

Remarque: tous les sites ont été consultés entre le 1er et le 31 mai 2020.

CONSIDÉRATIONS FINALES

«Peu de connaissances rendent les gens fiers. Beaucoup de connaissances, sentez-vous humble. C'est ainsi que les oreilles sans grain crachent la tête vers le ciel, tandis que les inondations les abaissent au sol, ta mère. » - Léonard de Vinci

Penser à la formation des enseignants 4.0 pour le 21e siècle, c'est penser à l'alphabétisation fondamentale, aux compétences et aux qualités de caractère, comme présenté au Forum économique mondial.

La littératie fondamentale concerne 6 aspects fondamentaux: la littératie, la numératie, la littératie scientifique, la littératie technologique, la littératie financière, la littératie culturelle et civique. L'alphabétisation fondamentale concerne donc le choix du contenu à travailler avec les étudiants. Il est nécessaire de fournir à l'enseignant une formation lui permettant de faire des choix de contenu plus significatifs.

Les compétences essentielles pour 21e siècle sont 4: la pensée critique et la résolution de problèmes; la créativité; La communication; et la collaboration. Les compétences concernent les stratégies qui seront utilisées et comment ces stratégies interagissent avec les acteurs du processus éducatif et avec le monde. La formation de l'enseignant doit le rendre capable de comprendre la réalité afin d'en percevoir les différentes nuances et interprétations et qui, par conséquent, comprend une large éducation dans sa complexité.

Les qualités de caractère concernent spécifiquement la formation des êtres humains dans leur essence. Ces qualités sont6: curiosité, initiative, persévérance, adaptabilité, leadership et conscience culturelle et sociale. Il travaille sur la construction la plus profonde de l'être humain. La formation des enseignants doit comprendre une éducation non seulement cognitive, mais aussi affective. Comprendre le pouvoir qu'une seule émotion peut avoir sur le processus d'enseignement et d'apprentissage est une condition minimale et nécessaire à la réussite éducative.

Savoir être, savoir faire et savoir agir. Selon Gondim & Cols (2003), savoir comment être est lié à des caractéristiques personnelles qui contribuent à la qualité des interactions humaines au travail et à la formation d'attitudes de développement personnel. Le savoir-faire fait référence à la motricité et aux connaissances nécessaires à l'emploi. Savoir agir se rapproche de la notion de compétence, c'est-à-dire la capacité de mobiliser des connaissances, des compétences et des attitudes pour le travail. Et, ici, nous devons comprendre cela non seulement pour le travail, mais pour la vie. La vie, en soi, chaque jour, nous met au défi d'un processus continu d'évolution qui, peut-être, ne trouvera de soutien que dans le processus d'apprentissage continu et large de la vie.

Nous espérons que vous avez été positivement surpris par les sujets abordés, la manière de les aborder et la profondeur de réflexion. Il est fort possible que vous trouviez des alternatives aux défis que vous avez rencontrés.

N'oubliez pas de me faire part de vos commentaires ou de partager vos idées avec moi quand cela vous convient le mieux: sandrosouza@sstreinamentos.com. Ce sera un plaisir de recevoir vos commentaires afin que nous puissions co-créer à la recherche d'une itération[1] qui nous mène à l'excellence.

Gratitude pour votre lecture et contactez-nous pour donner votre avis et vos idées sur cette lecture!

Parlez-nous également de ce que vous êtes curieux d'en savoir un peu plus sur ce processus. Qui sait, nous avons lancé un nouveau livre sur le sujet.

Câlin infini et à bientôt!

BIBLIOGRAPHIE

Adamson, C. (2012) Learning in a VUCA world, Online Educa Berlin News Portal, 13 novembre

Agarwal, A. (2013) The Developing World of MOOCs Boston: MIT (Vidéo de conférence Linc 2013: 1 h 34 min.)

Baker, C. (2010) The Impact of Instructor Immediacy and Presence for Online Student Affective Learning, Cognition, and Motivation The Journal of Educators Online Vol.7, No 1

Bauman, Z. La globalización: Réalisations humaines. Editora Fondo de Cultura Economica, 2016.

Bolman, Lee et Joan Gallos. 2011. Recadrage du leadership académique. Jossey-Bass.

Bossidy, L.; Charan, R. Exécution: la discipline pour obtenir des résultats. Rio de Janeiro: Campus, 2011.

Dweck, C. Mindset: La nouvelle psychologie du succès. Objectif, 2017.

Fredrickson, B. Positivité: découvrez la force des émotions positives, surmontez la négativité et vivez pleinement. Rocco, 2009.

Gondim, SMG et Cols. (2003). Profil professionnel, éducation et marché du travail du point de vue des professionnels des ressources humaines. Revista Psicologia: Organisations et travail, 3 (2), pp 119 - 152

Gordon, J. Le pouvoir d'un leadership positif. 1ère édition. Alta Books: 2018.

HOLT, John. Comment les enfants apprennent. Campinas, SP, Verus Editora, 2007.

KRAMER, Sônia (org.). Professionnels de l'éducation de la petite enfance: gestion et formation. São Paulo: Ática, 2005.

Rieche, E; Lyubomirsky, S. Les mythes du bonheur. Odyssée,

2019.

Schön, D. The Reflective Practitioner: Comment les professionnels pensent en action. Londres: Temple Smith, 1983

Schön, D. Éduquer le praticien réflexif. San Francisco: Jossey-Bass, 1987. - Educating the Reflective Professional: une nouvelle conception pour l'enseignement et l'apprentissage. Porto Alegre: Artmed, 2000.

Seligman, eurodéputé, Csikszentmihalyi, M. (2000). Psychologie positive: une introduction. Psychologue américain, 55 (1), 5-14. doi: 10.1037 / 0003-066X.55.1.5

Seligman, député européen (2002). Bonheur authentique: Utiliser la nouvelle psychologie positive pour réaliser votre potentiel d'épanouissement durable. Londres: Nicholas Brealey Publishing.

Je tiens à exprimer ma gratitude à tous les lecteurs et à tous ceux qui ont contribué directement ou indirectement à ce livre avec un cadeau! Un beau message de Paulo Freire.

Vérités de la profession d'enseignant

Personne ne nie la valeur de l'éducation et qu'un bon enseignant est essentiel. Mais même s'ils veulent de bons enseignants pour leurs enfants, peu de parents veulent que leurs enfants soient des enseignants. Cela nous montre la reconnaissance que le travail d'éducateur est dur, difficile et nécessaire, mais que nous permettons à ces professionnels de continuer à être dévalués. Mal payés, peu prestigieux sur le plan social et responsables de l'échec scolaire, la plupart d'entre eux résistent et restent passionnés par leur travail.

La date est une invitation pour tout le monde, parents, élèves, société, à repenser nos rôles et nos attitudes, car avec eux nous démontrons l'engagement pour l'éducation que nous voulons. Les enseignants sont invités à ne pas négliger leur mission d'éduquer, à être découragés par les défis ou à cesser d'éduquer les gens à être des «aigles» et pas seulement des «poulets». Car si l'éducation seule ne transforme pas la société, sans elle non plus, la société change.

Paulo Freire

A PROPOS DE L'AUTEUR

- **S**andro Souza est écrivain, directeur d'école dans une école bilingue de l'État de São Paulo, propriétaire de SS TREINAMENTOS - Developing People Positively, formateur en chef à l'IBND et a 30 ans d'expérience en éducation bilingue et en formation au leadership.
- **Auteur de:**Le secret de l'individu multilingue du 21e siècle: un apprentissage large et tout au long de la vie. KDP Amazon, 2020. - Publié en 6 langues;
- **Auteur de:**La stratégie de lecture de la réalité: comment développer cette capacité à survivre, vivre et évoluer en période de pandémie. KDP Amazon, 2020. - Publié en 6 langues;
- **Auteur de**: La nouvelle norme du leadership au 21e siècle: la gestion dans un scénario de guerre. KDP Amazon, 2020. - Publié en 6 langues;
- **Auteur de:** La nouvelle normalité: la reprise d'une nouvelle routine qui ne sera plus jamais la même. KDP Amazon, 2020. - Publié en 6 langues;
- **Co-auteur de:**ÉDUCATION BILINGUE: pédagogie et linguistique en deux langues. São Paulo: Plêiade, 2005.
- Spécialiste en psychologie positive (Université de Pennsylvanie - États-Unis);
- Spécialiste du bien-être de l'Université de Yale (États-Unis);
- Post-diplôme en psychologie positive avec coaching (FML - RS);
- Spécialiste en neurosciences du langage de l'USP;
- Spécialiste PNL;

O Spécialiste en cerveau bilingue de l'Université de Houston (USA).

O Spécialiste en coordination pédagogique par PUC-SP;

O MBA en gestion des ressources humaines - FMU;

O Membre de l'International Coaching Council - ICC;

O Membre du Behavioral Coaching Institute - BCI;

O Membre de l'International Association of Coaching - IAC;

O Membre de la Global Coaching Community - GCC;

O Master Trainer in Coach;

O Analyste comportemental et coach Ericksonian;

O Baccalauréat et diplôme en mathématiques et pédagogue;

O Conseiller et directeur d'école (Centro Universitário Fundação Santo André);

O Administrateur certifié pour l'application des examens internationaux de compétence TOEIC en anglais (ETS - USA), PTE PROFESSIONAL (PEARSON VUE - UK);

O Maîtrise de l'anglais, du français et de l'allemand;

O Guide Disney officiel.

Pour nous contacter, envoyez un e-mail à sandrosouza@sstreinamentos.com

---

[1] Itération: faire quelque chose à plusieurs reprises et, à chaque fois, de mieux en mieux, à la recherche de l'excellence.

www.ingramcontent.com/pod-product-compliance
Lightning Source LLC
LaVergne TN
LVHW090927150826
845672LV00006B/1427

* 9 7 9 8 6 5 2 9 4 6 6 4 7 *